www.vulkani.rs
office@vulkani.rs

Naziv originala:
Mylène Desclaux
JEUNES FEMMES DE 50 ANS

ISBN 978-86-10-03382-3

Ova knjiga štampana je na prirodnom recikliranom papiru od drveća koje raste u održivim šumama. Proces proizvodnje u potpunosti je u skladu sa svim važećim propisima Ministarstva životne sredine i prostornog planiranja Republike Srbije.

Milen Deklo

Mlada i u 50.

Francuskinje vam otkrivaju kako su godine samo apstrakcija

Prevela Snežana Janković

VULKAN
IZDAVAŠTVO
Beograd, 2022.

Za moju dragu

Prijateljicu

Za Mišel

Maricu

Tvoja

Seka

Starost je apstrakcija.

Moj terapeut tokom naše poslednje seanse

(Pariz, 7. arondisman, gluvo doba)

Velikih 50

Dana kada sam zagazila u pedesetu, bila sam sama i nezaposlena. Deca više nisu živela u porodičnoj kući. Dve decenije pre toga imala sam bebu i sopstveni biznis. Volela sam i prestala da volim. Onda sam ponovo zavolela i ponovo prestala da volim. Dece nije bilo, ali u svom ljubavnom životu sam manje-više pratila petogodišnji plan (četiri muškarca za dvadeset godina).

Tada sam težila i drugom poglavlju na profesionalnom planu… ali bezuspešno. Želela sam da sretnem nekoga… ali ni tu nije bilo sreće. I kao da je neka kosmička sila preuzela stvar u svoje ruke, otarasila sam se muškaraca i stalnih veza. Osećala sam se kao da je pravda konačno zadovoljena. Čula bih muškarce kako se domunđavaju dok bih prolazila pored njih. „Tako vam i treba!“, samo bih rekla u sebi.

Svega mi je bilo preko glave: prisilne samoće, jezive lenjosti, tereta prošlosti, praznog i hladnog kreveta, beznadežnosti, a iznad svega, mišljenja da više ništa neće biti isto. Shvatila sam da je društvo, sa svojim kultom mladosti i težnjom ka večno novom, zapravo okrutno prema sredovečnima. Na tržištu rada, ali i ljubavi, pedesetogodišnjakinje nisu naročito tražena roba. Uvek će se naći neko ko će reći da život počinje u pedesetoj, ili da je to najbolje doba. Međutim, istina je, kao i uvek, negde između.

Ili to samo ja ne mogu da prihvatim svoje godine? A još manje pridev *sredovečna*, što me podseća na generaciju moje majke, a ja se osećam potpuno drugačije od žena tog vremena. Za razliku od njih, koje su želele da se negde udobno smeste i u miru prožive ostatak života, današnje pedesetogodišnjakinje ne propuštaju nijednu priliku. Prepune su energije i uzbuđenja, što ponekad ume da izazove i vrtoglavicu.

To je nešto što sam i sama iskusila, kao da hodam po tankoj žici. Osećaj je neverovatan, pod nogama je, ali ipak ponor. Preti stalna opasnost da izgubim ravnotežu i survam se. Moj lični Cvrčak Cvrča, koji mi stoji iza uha, hrabri me i šapuće mi da će sve biti dobro, da imam sreće i da samo treba da se uhvatim za svoju srećnu zvezdu. Da bi bilo bolje da uživam u lepoti Velikog kanjona umesto što se plašim da ne propadnem u ambis.

I tako, dana kada sam napunila pedesetu, odlučila sam da više nikada ne govorim o svojim godinama – nikome, a naročito ne sebi. Istina, jedini način da održim to obećanje bio je da pokrenem blog *HappyQuinqua* (*Srećna pedesetoscentkinja*) i prihvatim paradoks dok pokušavam da pronađem prednosti tog doba života, koje nazivamo srednjim. Ne, pedesete nisu sredina, nisu čak ni tri četvrtine celokupnog puta. To nije kraj. To je čista svest posle mnogih životnih dostignuća, to je zbir iskustava, sveobuhvatnost, i vrata koja vode ka ulici punoj onoga što još niste probali.

Pedesete mogu biti i strašne i lepe. Svakako je lakše ukoliko nismo imale velike planove i očekivanja, ako smo hvatale krivine u životu. Bolje je, naravno, ukoliko se nismo negde oklizneule, i naravno, ako smo dotad izbegle smrt.

Možemo sebe smatrati srećnim što smo rođene u vreme u kom, zahvaljujući nutricionizmu, napretku u kozmetici i načinu života zapravo postajemo sve mlađe i mlađe s godinama. A onda, ako tome dodamo ljubav, humor, dobre gene i… malo sreće – eto, budete i do deset godina mlađe, a pravi as u savršenim uslovima.

Kakogod, kada govorimo o očekivanjima – iako taj spisak biva sve duži – u svojoj pedesetoj idem sve dalje i dalje od polovine, bolno svesna da sam ipak proživela više leta nego što mi je preostalo. Vođena bogatim iskustvom, dajem sve od sebe da prenebregnem nostalgiju za prošlim vremenima tako što pravim kompromise s uspomenama. Koliko god mogu, trudim se da zaboravim na ono za čim žalim i da mislim da u mladosti ništa nisam propustila: duge noći pune ludila, osećaj svežine narednog jutra, život bez kočnica, ludi seks, nepristojno ponašanje muškaraca u to vreme... Sada uživam u onome što mi je ostalo i blagosiljam eru koja nam pruža mnoštvo proizvoda koji našim majkama nisu bili dostupni, a koji omogućavaju da pedesete pretvorimo bar u četrdesete.

Trudim se da uživam koliko god je to moguće, u svakom momentu, negde na spektru između sitnih životnih zadovoljstava i lepote življenja. Pravo je zadovoljstvo kada svakog dana nađete nešto lepo, to hrabro podelite s drugima i ne mislite da je život jednoličan dok lagano prolazi. Da u svemu vidite nešto dobro. U svakodnevnom životu, rodnom gradu, sadašnjosti, drugim ljudima, njihovim osmesima. Da svaku situaciju posmatrate sa vedrije strane, kitite reči cvećem, a srce zvezdama, s jednim jedinim ciljem: da u svakom trenutku osetite čaroliju. Jednostavno upoznajte radost što pre. Ja sam uspela u tome.

A opet, postoje i oni teški i depresivni trenuci, na koje se, snagom volje, ne osvrćem. Bez razmišljanja, isticanja ili raspredanja, konačno sam spremna i to da prihvatim. Tako se najjednostavnije može opisati sreća: *bonheur* (sreća), *la bonne heure* (pravo vreme). Možda se naše pedesete uklapaju u ovo sjajno doba, koje jeste instant, ali i mirno, tiho, bez potrebe za žurbom. U blagoj reakciji na vreme koje teče, pokušavam da se usredsredim malo više na trenutak, a malo manje na žurbu.

Želela sam da napišem ovu knjigu kako bih sa vama podelila objektivan, ali i blagonaklon pogled na žene u pedesetim, anegdotičan ali koristan, oštar ali zabavan, sa osvrtom na naše greške, našu hrabrost, naše opsesije i borbe. O ženama koje treba da prožive decenijama prisutne ponižavajuće predrasude, i da svakog dana biju bitku kako bi ostale u trci s društvom.

Mlada i u pedesetoj je knjiga za svaku ženu koja boluje od vrtoglavice prouzrokovane nagomilanim godinama. Jer kada jednom savladamo svest o kraju života, kada iskorenimo komplekse zbog naše godine rođenja, kada se naviknemo na znake starenja na našem vratu i kolenima, kada konačno prestanemo da se obaziremo na poglede drugih ljudi, tada konačno možemo da dišemo i u miru i zadovoljne sobom nastavimo dalje.

I ako poželimo da ispomeramo nameštaj, pojačamo muziku i igramo na stolu, ko će nas zaustaviti?

Mi nismo pedesetoscentkinje

Jednog dana, u ovom našem svetu došlo je do pojave nove klasifikacije po starosti – pedesetoscenti (fr. *quinquado*), skraćeno od pedesetogodišnjaci adolescenti (fr. *quinquagenaire adolescent*). Izraz je smislio sociolog Serž Geren da opiše osobu koja u pedesetim godinama živi kao tinejdžer. Jedan članak, objavljen u švajcarskom časopisu *Le Tamp* 2015, pokrenuo je raspravu koja se nastavila u francuskom *Le Nuvel observater* i tako dalje. Svi su citirali moj blog, predstavivši me kao tipičnu pedesetoscentkinju. Kao da su izmislili rupu na saksiji. Sve više pedesetogodišnjaka oba pola uživa u novopronađenoj slobodi jer su razvedeni, nemaju dece ili su deca već napustila porodično gnezdo. U formi su jer su se bavili sportom i imaju više slobodnog vremena jer su manje radili (ili nisu radili uopšte). Pa šta su radili? Šta su postigli? Vratili su se u stare dane.

Sećam se da sam samouvereno iznela da je pedesetoscentkinja žena koja u svojih pedeset godina vodi računa o kilaži, hrani se semenkama, smutijima, jelima dodaje čiju, ide na fitnes, dopušta da joj se udvaraju mlađi muškarci i povremeno upotrebljava reči *totalno* i *strava*. Ništa je ne sprečava da bude član trkačkog kluba, da pije pivo iz flaše, vozi skuter ili bicikl, igra igrice na netu i zna imena glavnih likova svih aktuelnih televizijskih sapunica. Pitali su me je li to neki novi fenomen? Naravno da jeste!

Ali malo potom, mediji su predstavili pedesetoscentkinje kao žene neobuzdane energije, koje ne žele da odrastu, koje posećuju noćne klubove, pozajmljuju pocepane farmerice od svojih ćerki, tetoviraju se, biraju mlađe ljubavnike (i menjaju ih kao čarape) i stavljaju pirsing u pupak. Sada shvatam koliko je ta verzija otišla daleko od dostojanstvene evolucije. Dokaz za to bila je i TV reportaža o sredovečnoj plavuši utegnutoj u kratke farmerice, koja zajedno sa svojom ćerkom luduje na podijumu za igru i ljubi se s momkom petnaest godina mlađim od sebe. Možete samo zamisliti novinara kako je ohrabruje: „Ajde, ajde, ljuljaj, tresi, snimamo, ajde, sad mu krni žvalu..."

Ali hajde da zaboravimo tu reč *pedesetoscentkinja* i nađemo neki prikladniji izraz za žene u pedesetim, i to one koje u tim godinama preuzimaju odgovornost za svoj život tako što se fokusiraju na svoja interesovanja, radost i sve ono što im prija, a za šta ranije nisu imale vremena.

To zapravo nije pitanje godina. Ono što je novo jeste energija koju odjednom imaju i žele da je zadrže što je duže moguće. Te pedesetogodišnjakinje ne beže od iskustava koja njihov život mogu učiniti lepšim. Mogu otići na koncert rep muzike, ali i na operu. Mogu da trče maraton ili da šetaju parkom, da čitaju magazin *El* ili Spinozu, da imaju starijeg ljubavnika i mladog muža (ili obrnuto).

Pa, nazovite takvu ženu kako god želite. Za mene, to je žena koja je i dalje mlada i koja se samo slučajno našla u pedesetim.

Pitanje godina

Onaj koji krije svoje godine veruje da je mlad onoliko koliko želi da ga drugi tako vide.
Žan de la Brijer, *Karakteri ili naravi ovog veka*

Treba li govoriti koliko godina imate?

Godine su i brojka i vrednost, i sabirak i razlika. Menjaju se, ali uvek u istom smeru. Brojka uvek raste. Trebalo bi investirati u godine, kao na berzi, sa zagarantovanom dobiti. Godine su deo nas koji se menja nezaustavljivo. Dakle, možemo li to da istrpimo? Koliko stari treba da postanemo pre nego što prestanemo da govorimo drugima koliko godina imamo? Nekome se to može desiti i u ranoj mladosti. Jer ko je nezadovoljan svojim godinama, takav je čitav život. Oni koji u petnaestoj sebi dodaju poneku godinu, u pedesetoj će smanjiti za neku. Ali lagati za godine, recimo, koristiti fotošop kako biste ulepšali fotografiju u pasošu, može biti riskantno i nikako se ne preporučuje.

Lažne godine

Jedna od mojih dobrih drugarica uvek oduzima pet od stvarnih godina. Bez obzira na situaciju, laže za godine a da i ne trepne. To je jače od nje. Svi njeni bliži prijatelji znaju istinu, ali su dovoljno fini da ignorišu tu laž. U većini slučajeva ta laž prolazi jer je lepa, mršava i zaista izgleda deset godina mlađe. Možda je čak i samu sebe ubedila…

Mislim i da one koje uporno prikrivaju svoje godine poprilično zaboli kada neko sazna istinu. Ta laž je kontraproduktivna jer kasnije razotkrivanje zapravo dodaje godine: odaje vas da ste očajni, a ne da se osećate mlađe. Takva laž može imati efekta samo ako se nikada ne otkrije, ali ako postoji i najmanja šansa da ispliva na površinu, bolje je reći istinu na samom početku. (Mada, budite obazrivi, to se ne odnosi na preljubu: parovi mogu nekako da prebole povređen ponos, a izdaju mnogo teže. Bolje je ne stvarati probleme koji traju duže od prolaznog zadovoljstva. Dakle, neka vam obraz bude čist, kao i sve ostalo, ali to je već druga priča.)

Jednog dana, ova *mlada* pedesetogodišnjakinja i njen novi dečko krenuli su na vikend u Veneciju. Na aerodromu su predali pasoše, a carinik ih je pomno posmatrao... a onda oba pasoša vratio njenom saputniku. Kada je pogledao u pasoš svoje ljubljene, zapazio je datum rođenja, koji očigledno nije odgovarao njenim izmišljenim godinama. Kada je primetila njegov pogled, bilo joj je jasno da je saznao. Mačka je pobegla iz džaka. Svi njeni pređašnji napori pali su u vodu zbog greške carinika. Krivila je svoju nesmotrenost, trebalo je da bude pažljivija... Razne misli su joj se motale po glavi i izjedale je čak i dok su bili na romantičnoj vožnji gondolom. Pokušavala je da ne misli o tome šta će se dogoditi nakon tog incidenta, ali postala je opsednuta time. Pitala se da li će je na kraju vikenda ostaviti zbog toga što je lažov, i zbog toga što je matora.

Na dan povratka, ujutru je pakovala svoje stvari dok se on brijao u kupatilu. Njegov pasoš stajao je na komodi. Iz čiste radoznalosti – na kraju krajeva i on je pogledao u njen – otvorila ga je. I kakvo iznenađenje! Na njeno zaprepašćenje, otkrila je da je i on slagao za godine i to za tačno istu brojku. Razmenom tih informacija, saznali su da su oboje lagali da su pet godina mlađi. A to je svakako ispalo bolje nego da je lagalo samo jedno, ali ovakvo saznanje na samom početku veze nije dobro za dalje odnose. Nije bilo potrebe rizikovati. Ali definitivno su se našli dvoje koji bi voleli da su mlađi.

Inače, dok ovo pišem, i dalje su zajedno.

Ne pitajte...

Ne pitati nekoga za godine najbolji je način da izbegnete isto pitanje i o vašoj životnoj dobi. Kada upoznate nekoga, kako bi se našli na neutralnom terenu, bolje je da nijedno od vas ne zna koliko je ono drugo staro. Na taj način ćete izbeći predrasude i eliminisati osećaj nejednakosti, koji mogu biti izazvani kompleksom zbog broja vaših rođendana, iako vi to ne želite da priznate. To je nešto slično akcentu, samo malo manje uočljivo.

... ne govorite

Dakle, ostavite godine tamo gde im je mesto, u carstvu knjigovodstva, podataka na internetu i u administrativnim dokumentima. Moje lično iskustvo naučilo me je da nikada, ali NIKADA, ne treba govoriti o svojim godinama. Baš nas briga za godine, neka se nose, jer mala varnica, koja se upali pogledom, nekom rečju ili rečenicom, ne može se meriti s podacima iz lične karte, sem ukoliko džentlmen nije voljan za razmnožavanje – što obično nije slučaj, pogotovu ne u godinama o kojima govorimo.

Ništa vas ne određuje više od toga kada nekome, ko vas to nije ni pitao, kažete koliko vam je godina. Ili još gore, kada to ponosno priznate, pogotovu ako više niste baš mladi. Istog trena kada otkrijete svoje godine, one nekim čudim postaju vidljive i na vašoj koži i licu. Pre toga ste bili neko, imali ste glas, osmeh, novu šansu, ali posle takve izjave bore na čelu odjednom postaju vidljive i vaše priznanje čine i očiglednim. S druge strane, sve što nije rečeno i dalje ne postoji.

Koliko god da ste stari, to nije nešto čime bi se trebalo ponositi. Uvek se iznenadim koliko raste brojka onoga čime se dičimo, a što ljudi koriste kao odbrambeno, pa čak i kao ofanzivno oružje. Potpuno je suludo čime se sve ljudi danas ponose. Možemo biti ponosni na dostignuća, uspehe, diplome naše dece... Jednom rečju, možemo se ponositi svim uspesima. Ali biti ponosan na seksualno umeće, religiju ili godine zaista je malo čudno. To je lična intima i o njoj ne treba pričati.

Jednostavno je tu.

I to je to.

Izdajice godina

Dakle, zaobišli ste pitanje o godinama, okrenuli ste ga na šalu i uhvatili se za telefon pretvarajući se da vam je stigla poruka. U svakom slučaju, uspeli ste da sakrijete svoje godine i da nastavite dalje kao da niste čuli pitanje. Odlično! Ali šta je s detaljima koji vas odaju? Koje je teško prikriti i nemoguće ignorisati?

Godišta vašeg brata, sestre ili dece

Moraćete da naučite kako da izbegnete situacije koje vas lako mogu uhvatiti u zamku. Na primer, neko (a najverovatnije žena) neće vas pitati direktno za godine, ali će vas pomoću raznih trikova poput krabe stisnuti kleštima, što može izgledati otprilike ovako:

„Imaš li brata ili sestru?"

„Da, imam brata."

„Koliko ima godina?"

„Pedeset dve."

„Je li stariji ili mlađi od tebe?"

Ako se gospodin Radoznali ili gospođa Radoznala razočara što nemate ni brata ni sestru, promeniće taktiku koja će naposletku ipak dovesti do cilja:

„A imaš li dece?"

„Da."

„Koliko su stari?"

Ako u tom trenutku ne budete opušteni, to je dovoljno da vas oda – zapamtite, utuvite to u glavu, bolje je da ljudi znaju da ste u pedesetim nego da to otkriju kasnije i označe vas kao lažova. U ovakvim situacijama očigledno su u prednosti oni koji su kasnije dobili decu: što su deca mlađa, to i oni mogu izgledati mlađe, jer klinci su najbolji mogući tretman protiv starenja.

Ali možda postoji i starije dete iz prethodnog braka. Na njega ste zaboravili. A ono je napunilo skoro trideset. Nekoliko unakrsnih pitanja i – puf! – nema više vašeg sjaja. Mada, pomoću nekoliko trikova, koje sam i lično isprobala, relativno je lako sakriti godine ukoliko prećutite da imate i starije dete. Ali postoje i izuzetne situacije, raniji brakovi, životne komplikacije povezane sa verskim predrasudama. Sedamnaestogodišnja devojčica mogla bi da rodi ćerku, koja bi zatim pošla maminim stopama. Dakle, prva devojčica postala bi baka već u trideset četvrtoj. Ako se niz nastavi, mogla bi i u narednih dvadeset da postane prabaka. Gledano sa stanovišta biologije, tu nema ničeg čudnog, ali sa stanovišta sociologije, to je već vrlo škakljivo. Prabaka u pedeset četvrtoj! Zahvaljujući napretku u nauci, još malo pa ćemo sve rađati decu i u tim godinama. U tom slučaju, morali bismo potražiti neki novi izraz za našu kategoriju.

Sve u svemu, uljudnost nalaže da se taj neko, ko vam postavlja veoma delikatno pitanje o godištu vaše dece, iznenadi i lažno osmehne. Pa, budite spremni na uobičajen povik: „Nemoguće!? Ne verujem!" Ili ona klasika: „Stvarno? Sigurno si veoma rano postala majka?"

Još jednom, budite oprezni. Trebalo bi da prokljuvite da li je to bio prvorazredni kompliment ili taj neko samo želi da pozajmi novac od vas.

Ipak, nikad ne upadajte u zamku koketerije i nadu da će vaš sagovornik biti oduševljen kada mu pomenete godine. To je riskantan potez jer, nažalost, za tren oka možete biti razočarani reakcijom. Tražićete kompliment, a dobiti šamar u lice. Žena koja bez povoda otkriva svoje godine UVEK očekuje kompliment. I ako ne čuje ono: „Stvarno? Izgledaš mnogo mlađe!“, biće iznenađena ako joj nije manje od četrdeset pet, uvređena ako izgleda kao da ima pedeset pet i smrtno povređena ako je starija od toga.

U zavisnosti od toga ko mi postavlja takvo pitanje, ponekad volim da odgovorim: „Da, imam dvoje dece, četvorogodišnjeg dečaka i osamnaestomesečnu devojčicu.“ Glupa ili smešna reakcija su zagarantovane. (Ali ko kaže da ne bih mogla da imam tako mladu dečicu.) To je moja lažljiva strana pedesetogodišnjakinje, koja, naravno, ne može dugo da potraje, ali svakako može da pomogne da izbegnem konkretan odgovor. „Ha-ha-ha!“, nasmejemo se i pređemo na neku drugu temu. Gospodin Radoznali i gospođa Lažljiva trudiće se da se vrate na istu temu, ali kopaće posle toga daleko suptilnije od buldožera.

U svakom slučaju, možete se osloniti na internet, koji ceo svet može da informiše o datumu vašeg rođenja ili godini kada ste završili školovanje, tako da svako može lako da otkrije da niste mogli imati osam godina 1985. godine kada ste diplomirali. Deca i internet su minsko polje koje ne možete izbeći. Srećom (ili nesrećom), nisu svi toliko radoznali.

Hajde da zato malo opuštenije priđemo ovoj temi, da se ne skrivamo iza maske, da se ne stidimo ili kompromitujemo. A kada vas neki glup muškarac ili žena otvoreno pitaju za godine, podsetite ih uz osmeh da se dama nikad ne pita za godine, ili iskoristite citat mog terapeuta i odgovorite: „Godine su apstrakcija." Uzgred, primetila sam da vas neko stariji od vas nikada neće pitati za godine...

Vaše ime

Na hronološkoj skali, iako ne baš tačnu godinu rođenja, vaše ime odaje kojoj generaciji pripadate. Ako ste Francuskinja kojoj je ime Ženevjev ili Žaklin, imate šezdesetak godina, svidelo se to vama ili ne. Ako se zovete Katrin, Natali ili Brižit, sva je prilika da ste negde oko pedeset. Ako ste Karolin ili Stefani, onda ste tu negde oko četrdeset. A procena za Korali ili Astrid glasi da ste u tridesetim. Ovo nije pravilo, ali jeste statistika. Naravno, ako imate dovoljno sreće da su vam dali ime Šarlota ili Faustina, a imate pedesetak godina, zahvalite se svojim roditeljima i pronađite advokata da se pobrine za pravne aspekte promene imena. Međutim, u ličnoj karti i dalje stoji upisano vaše pravo ime. Tada ubijte obe muve jednim udarcem i ne pokazujte je nikome: vaše pravo ime ostaće tajna (kao što glumica Mju-Mju krije da se zove Silvet), kao i vaš datum rođenja.

U suprotnom, vaše ime može da bude i anglicističko: Džejn umesto Žana, Helena umesto Elen... Ili da ga modernizujete:

Lijan umesto Elijan, Framboa umesto Fransoa, Marina umesto Martina (dobro, ovo je loš primer), Lili-Roz umesto Rozlin, Džini umesto Ženevjev, Milen umesto Mirej... Kad smo kod Milen, kunem vam se da je to moje pravo ime, zapisano je i u dokumentima, ali samo u proteklih dvadeset godina. Zahvaljujući mojoj upornosti i tadašnjem partneru, advokatu čija su specijalnost bila ubistva i sekte, moje prvobitno ime zvanično je izbrisano legalnim putem i više ne postoji.

A svi su me oduvek zvali Milen. Na dan mog rođenja, otac je otišao da me prijavi u opštini, ali matičar se zainatio i tvrdio da nije dozvoljeno da se neko zove Milen, tako da je imao samo nekoliko minuta da se odluči između Mari Elen i Mari Madlen. Tata je već bio pod ogromnim pritiskom što se posle sto dvadeset godina u familiji rodilo dete koje se neće boćati ili igrati ragbi. „Znate šta? Upišite šta vam je volja!“, odgovorio je s južnjačkim akcentom. Moj otac je uvek bio dobar u pregovorima, ali to mu baš nije bio dan. Što se mene tiče, nikad nisam volela da me zovu Mari Madlen. S tim imenima se dobro prolazilo jedino u manastirima.

I eto, zbog toga sam više od trideset pet godina nosila dokumente u kojima je bilo zapisano ime kojim me niko nije nazvao. Rezultati ispita, rezervacije letova i zvanične prijave bile su situacije koje su me ispunjavale mržnjom prema tom gradskom ćati, a ponekad i prema mom ocu, koji nije malo više insistirao na imenu na koje sam se oduvek odazivala. Jesam li ikada poželela neko drugo ime? Nikada, izuzev možda onog dana kada sam konačno raskrstila s čovekom s kojim sam provela previše vremena (u to vreme, pojave slične njemu još nisu bile poznate kao narcisoidni perverznjak). Dok je zauvek odlazio iz mog života, morao je da naglasi da to Milen zvuči isto kao i hiljadu mržnji. Taj raskid je bio nešto najbolje što je moglo da mi se desi, na šta sam čekala predugo…

Susret sa ljudima iz prošlosti

Pored imena, odrasle dece i bora oko očiju, postoji i mnoštvo neprijatnih situacija koje svedoče o tome da pripadate starijoj generaciji u odnosu na ostale ljude na nekom skupu. Na primer, kada se iznenada pojavi neka matora poznanica iz daleke prošlosti. Prepozna vas, a vi ne možete ni da je podnesete, što je mnogo bolje nego da je obrnuto. I mislite da je užasno ostarila – što, naravno, ne mislite i za sebe – a kako će se ispostaviti, taj vaš duh iz prošlosti misli baš to isto i o vama. Niko nije srećan zbog tog susreta, ali situacija iziskuje široki osmeh od obe strane. Moje lice tada smesta gubi boju. Susret sa školskim drugovima je prava noćna mora! Izbegavajte to teško iskušenje! Ne oklevajte da odbijete poziv na ponovno okupljanje. Nostalgija je idealna situacija da navučete još neki kompleks.

Moji koreni su na dalekom jugu Francuske. Obožavam katalonsku postojbinu i moje selo, jedno od najlepših u Francuskoj. Kada odem tamo, ponekad naletim na neke ljude iz školskih dana, koje život u urbanim sredinama nije mnogo izmenio. I oni se vas sećaju iz mlađih dana, ali… nekih drugačijih dana, prirodnih, s nekim manama koje želite da nikad nisu ni postojale, ili se makar nadate da su zaboravljene. Ne, ne želite da vas podsećaju na bubuljice, metalne žičice i proteze na zubima ili naočare u kojima se ogledala ironija čitavog sveta. Vreme je prošlo, koristili ste roakutan za bubuljice, zube ste ispravili, otklonili ste kratkovidost laserskim zahvatom, makar na neko vreme. Ubeđeni ste sad da su vam i mladalački kilogrami bili pravilno raspoređeni, ali fotografije pokazuju da ih je najviše bilo u obrazima. A da i ne pominjem tadašnje odevne kombinacije: poslednji krik mode iz zaboravljenog vremena. I sve to začinjeno frizurom zbog koje zadrhtite od stida. Tadašnji frizeri kao da su čuvali najluđe kreacije za najmlađe mušterije.

Kako vreme prolazi, postajete sve samosvesniji i zadovoljniji. Današnje frizure nisu toliko dominantne u odnosu na odevnu kombinaciju. Oblikovalo vas je vreme, iskustvo, ljudi koje ste sretali. I deca su od vas napravila potpuno drugu osobu. Jednom rečju, postali ste svoji. A onda vas neki drug ili drugarica, koga niste videli trideset pet godina, s negodovanjem vrati u prošlost, govoreći vam da ste izgubili akcenat (oh, dakle, i toga je bilo?). I još doda uz osmeh: „Vidi, vidi, sad govoriš kao da si sa severa!" Grrr, neko traži šamar!

Sećanja na reči neke pesme

Razlog bezgrešnom recitovanju *Chacun fait ce qui lui plait* je taj što ste je do dvadesete čuli toliko puta da je znate napamet čitav život.

U to vreme, vaš mozak je bio poput sunđera i pamtili ste apsolutno sve bez cenzure. A naročito pesme Nikole Peraka, Žoa Dasena ili Danijela Balavoana... Uglavnom francuske pesme, jer budimo iskreni, pevali ste tad engleske hitove a da manje-više pojma niste imali šta te reči znače, zar ne?

Vaša memorija

Rado se sećam reakcije komšijinih rođaka dok sam u letnjem kampu, kada mi je bilo jedanaest godina, nabrajala sve francuske kraljeve, napamet znala *Legende vekova* (*La Légende des siècles*) Viktora Igoa, pa sam mogla i da ih izvedem zajedno s bratom, koji ih je ionako izvodio svakog porodičnog ručka čitavih četrdeset godina. Ono što učite u petnaestoj duboko se urezuje u vašu memoriju, što nije slučaj sa današnjom memorijom, koja se svakog dana poigrava s vama.

Pre četrdesete bila sam poznata po dobrom pamćenju. A onda sam počela da zaboravljam poneko ime, pa još poneku reč, pa još stotinak, onda i činjenice, a na kraju i mnoge informacije, pa i filmove, za koje primetim da sam ih već gledala tek kada prođe pola filma. „Uh-uh, mora da je Alchajmer!“, smejali bismo se, ali svi znamo da su to prvi znaci starenja, što uopšte nije smešno.

Ne govoriti engleski

To je veliki kompleks Francuza: već je prešao pedesetu, a još ne govori tečno engleski. Tako vam je to. Pogledajte državnu elitu, rukovodstvo, ministre i bivše predsednike. To je sramota. Tek nekoliko njih govori engleski jer su im roditelji živeli u inostranstvu, ili potiču iz bogatih urbanih porodica, koje su svoju decu mogle da šalju u američke letnje kampove ili na engleske koledže.

Tokom sedamdesetih, dok smo odrastali u udaljenim provincijama, nismo čuli ni reč engleskog sve do prve godine srednje škole, a i tad samo po tri časa nedeljno. To je bilo to. Internet tada nije postojao, a svi filmovi bili su sinhronizovani. Srećom, sve se to promenilo i naša deca se sada, zahvaljujući

Jutjubu i Netfliksu, susreću s engleskim jezikom još u najranijem detinjstvu. Što se tiče nas, jedina dostojanstvena opcija je da odustanemo. Učiti engleski u pedesetoj? Nema šanse! Naravno, mogli biste kad biste bili dovoljno uporni. Ali konverzacija, tečno izražavanje, smeh u pravom trenutku i ispratiti meni od predjela do deserta i sve što je usput rečeno – nema šanse!

Danas mogu da čitam, govorim i dosta dobro razumem engleski za nekog mojih godina. Ali uprkos studijama, mnogobrojnim dugotrajnim boravcima u SAD u proteklih nekoliko godina, radionicama na Njujorškom univerzitetu i mojoj upornoj želji za napretkom, i dalje sam iscrpljena nakon samo dva sata upotrebe engleskog. Taj umor me toliko savlada da obično brzo odustanem ili se uspaničim i potražim spas u francuskom. Nivo koncentracije ponekad vežbam na američkim serijama. Najčešće prvu epizodu gledam bez prevoda, onda uz engleski titl, ali već kod druge odustanem i potražim francuske titlove.

Naočare za čitanje

Ne računajući naočare za sunce, koje prikrivaju umor i pomažu da se ne javite nikome kome ne želite, naočare nikome ne stoje dobro, daleko od toga. Samo kratkovidi, koji su na vreme izvršili skidanje dioptrije laserom, mogu da se odreknu naočara, do momenta kad one ponovo ne postanu neophodne.

Evo trika za prvi sastanak: umesto da u restoranu izvadite naočare da pročitate meni, upotrebite svetlo na svom mobilnom telefonu ili jednostavno naručite specijalitet dana. A posle toga, koga briga! Ljubav je slepa!

Duduci za kompjutere

Koliko godina smo imali kada smo dobili prvu imejl-adresu? To se čini potpuno neverovatnim danas, kada deca u prvom razredu osnovne škole već imaju mobilne telefone, a već u drugom nalog na Instagramu. Mi ne znamo ništa o klaudu i vebu. To što smo pogubili konce znači da gubimo i kontrolu. Dok neko drugi ne dokaže suprotno, uveravam vas da niko nakon pedeset pete, čak i da je zavisnik od interneta, ne zna šta su IP ili DNS. To vam je isto kao s engleskim, možemo se potruditi da učimo, ali nikada nećemo naučiti dovoljno da tečno govorimo taj jezik.

Čuvanje foto-albuma

Nekada, u stara vremena, naše životne priče pisane su kroz fotografije koje su se čuvale u albumima. U različitim situacijama – selidbama ili dokolici – izvadili bismo kutije ili foto-albume, prelistavali stranice i komentarisali ljude i događaje.

Naše životne priče bile su ilustrovane slikama starih dobrih vremena i likovima iz mladosti. Nostalgija je vraćala emocije i knedle u grlu, a kutije s albumima vraćali smo na svoje mesto sve do neke nove selidbe ili naredne dokolice… U današnje vreme, Epl i klaud su se pobrinuli za to. Sve slike čuvaju se u virtuelnom svetu, u kojem nema prašine. Ali zato sad više ne gledamo stare fotografije.

Proslave rođendana

Nakon svega ovoga, da li bi trebalo proslavljati godinu koja sama po sebi može da izazove depresiju i samoubistvo?

I da i ne.

Da, jer uvek je lepo slaviti. To vas čini mladim iako ne možete budni dočekati ponoć. Da, kako bismo dokazali da nas nije briga i da su godine čista apstrakcija.

Ne, jer neko će uvek pitati koliko tačno punimo godina i za deset godina uredno će nam dodati još deset. Naravno, neko će reći: „O, ma daj! Hajde da proslavimo!“ Pa, ne, hajde da to ipak ne oglašavamo na sva zvona. Koja je svrha reklamirati godine posle pedesete? Mogli bismo da ih prećutimo, makar još koju godinu. A kasnije, kada više ne budemo sujetni i kada prijateljske veze budu svedene na nulu, možemo prepustiti drugima da se za to pobrinu: deci, unucima, užoj rodbini.

Bilo kako bilo, ništa nas ne sprečava da organizujemo zabavu bez povoda. To je pravo rešenje kojim ćete udovoljiti prijateljima, koji opet neće morati da se troše i kupuju poklone. „Oh, pa tebi je rođendan, trebalo je da kažeš…“

Ali ako ne slavimo, već čujem kako pitate, šta da radimo? Zar da na rođendan ostanemo sami i čitavo veče mazimo mačku? Ne paničite. Ako nema tropskog zalaska sunca i ljubavnika na vidiku, otvorena flaša rashlađenog pića i društvo dva-tri najbliža prijatelja sasvim je dovoljno. Zapalite nekoliko svećica, pustite muziku, opustite se i postavite slike na Fejsbuk i Instagram, pa će oni koji bi i inače došli jednostavno napisati „srećan rođendan“.

I što je najvažnije, ne zaboravite da godine postaju stvarne samo kada se upoređuju. A za to su potrebni ljudi koji su mlađi ili stariji od vas. Ako niko ne pita i ne zna za godine drugih u društvu, svi ste i dalje samo ljudi.

Novi način računanja vremena

Došlo je vreme da upoznamo i novo računanje vremena, drugačije od onog po gregorijanskom kalendaru. Naš sistem računanja vremena je zastareo. Potiče još iz vremena pape Grgura XIII, koji nije ni sanjao da će broj godina dovesti do tolike polemike. Da nije bilo njega, ni ova knjiga ne bi postojala.

Hajde da zamislimo da će se, u budućnosti, programeri rešiti *Eksela* i zameniti ga nekim boljim programom – zašto da ne, neka digitalna datoteka s datumima sačuvanim u klaudu, nešto diskretno i potpuno virtuelno? Za sve ljude (a naročito žene) zamena papskog sistema digitalnim značila bi da smo rođeni u neko neodređeno vreme, više poetičko nego matematičko, i nekako apstraktno. Pozivam sve svetske umove da razmisle o ovome, jer je to važno koliko i iskorenjivanje bolesti i demokratizacija dugovečnosti. A inženjerima koji su zainteresovani da se pozabave ovim htela bih da naglasim da je ova moja ideja još u razvoju…

Razlika u godinama

O, duše iz čarobne lampe, učini da čovek mog života bude isto godište kao i ja. Ako ne može, neka onda bude mlađi od mene.

Imam utisak da pitanje razlike u godinama nikada nije bilo važnije nego u pedesetim. Kada u drugom poluvremenu shvatimo da je naš muški prijatelj našao neku, pitanje koje neizostavno sledi je: „Koliko joj je godina?“ Naravno, znamo da odgovor uvek pregazi ženu koja postavi to pitanje, iako se uvek nada da će čuti: „Istih su godina.“

Ili još bolje: „Mislim da je on mlađi od nje.“

Da li muškarci u pedesetim više vole mlade žene?

Muškarci u pedesetim žele ljubav i mir, ili još bolje, mir i ljubav. Prošli su rat u borbi sa dosadom i treba im mira i harmonije. Većina ih je prebolela sujetu, a čak i da nije, svi oni žele isto: kristalno im je jasan momenat kada ne žele više da čine ustupke. Razvod im je doneo novu slobodu i neće ponovo napraviti istu grešku.

Bilo kako bilo, istina je da je češća kombinacija mlađe žene i starijeg muškarca, možda zbog toga što muškarci imaju prirodan instinkt za reprodukciju, ko bi ga znao? Nad starijim partnerom žena ima nadmoć snagom svoje mladosti i skoro da je nepobediva. Nju ne muče brige u vezi sa starenjem jer ona će uvek biti mlađa od njega. S druge strane, mora biti hrabra da se izbori s njegovim vremešnim drugarima, da nauči da uz osmeh umire od dosade i odrekne se mnogo toga zbog čega bi kasnije, kada bude već kasno, mogla da zažali. Kako vreme prolazi, svaka njena žrtva postaje sve veća. Svakako, kada malo razmislimo, nije loše kada partner voli ženu samo zbog njenih godina, a da ona to ničim nije zaslužila niti to ičim može da promeni.

Fizički, razlika od deset godina među partnerima podmlađuje starijeg, ali samo spolja – i to na početku veze, kada ljubav ima direktan i vidljiv uticaj na kožu i kilograme. Kasnije, kada tokom meseci strast utihne i ljubav oslabi, i nestane tokom godina, sve samo postaje gore. Teret svakodnevnog života vodi ka borama i ukusu gorčine u ustima. Ponestaje mu goriva, a on to ne želi da prizna. Ljudi bi rekli da se dobro drži, ali kao zgužvana figura u uštirkanom odelu. Mogao bi se naći na ivici provalije: najpre izbeljivanje zuba ili proteze, zatim zatezanje kože vrata, što najbolji prijatelji obično tobože ne primećuju i ne komentarišu, i najzad, šestomesečni tretmani injekcijama, koji će učiniti da njegovo lice izgleda kao da je od plastike.

Ovi napori da se zakrpi probušeni čamac koji tone, sve te muškarce i žene, koji uzaludno pokušavaju da se suprotstave prirodi, čine patetičnim. Svi ti napori da se ulepša fizički izgled samo će istaći razliku u godinama i učiniti da gospodin Dobro se Drži izgleda još starije. Ali ono što ljudi uvek primete jeste njegova žena. Doduše, ne njena lepota. Tražiće neki mali znak nervoze u njenim pokretima ili glasu, neku neuobičajenu primedbu ili prigovor, nešto što nakon određenog broja godina više neće moći da prikrije. Ta pobednička kombinacija trebalo bi da bude njegov ponos, njeno ispunjenje želja i zavist svih ostalih; na duge staze doneće mu razočaranje; u najboljem slučaju, sažaljenje okoline prema oboma, a u najgorem, preljubu.

Priznajem da osećam neko sramotno zadovoljstvo kada god vidim da je nekog starijeg gospodina otkačila njegova devojčica. „Dobro je", uvek kažem u sebi. Još je i bolje ukoliko je taj starkelja prethodno ostavio pedesetogodišnju ženu.

Drugačija razlika u godinama

Za razliku od prethodnog slučaja, kada je žena s mlađim muškarcem, ona se zaista podmladi. Ritam života, garderoba, način na koji on govori, ili ćuti i smeje se, a i u krevetu... spavaća soba sve rešava. Energičan seks, glatka koža, čvrsti mišići... Na to se žena lako navikne, a onda se sve zakomplikuje.

U društvu to nije tako lako i jednostavno. Energičan seks imaju i svi njegovi drugari, ali s devojkama verovatno mlađim i od njih. Nakon nekog vremena, umešaju se i roditelji Mlađanog Momka. Tada sve zavisi od uticaja i shvatanja njegove familije i društva. Samo parovi sa mnogo samopouzdanja mogu da prevaziđu utisak da žive u tuđim godinama. A svi znamo koliko boli kada vas napusti neko koga volite, a pogotovu ako je jedan od razloga vaša starost.

Prezirem reč *kuguarka*. Kao i sve druge koje cirkulišu. Na francuskom sve zvuče uvredljivo. Ovaj izraz je nepravedno dodeljen ženama u pejorativnom smislu: kuguarka je zapravo heroina koja mnogo rizikuje i preuzima odgovornost za taj rizik. Nakon poslednjih predsedničkih izbora u Francuskoj, svi svetski tiraži bili su puni komentara da li je u svetu politike nešto prihvatljivo ili ne. Naša prva dama zasigurno je pripomogla da se progovori o pojedinim tabu-temama time što je obelodanila svoju vezu i pokazala da, kada su u pitanju želja, razumevanje i ljubav, ne postoji ništa što ne bi moglo da bude normalno. Žene su sada mnogo manje nego ranije zabrinute za svoje godine i sada znaju kako da zaprete: „Ako me ne usrećiš, napustiću te zbog predsednika Francuske dvadeset četiri godine mlađeg od mene!“

Naravno, idealan način da brod održite na vodi, sem ljubavi i razumevanja, jeste da vaš životni saputnik bude neko ko je vaših godina, tako da nijedno ne bude samo ukras drugom, već dragocenost i blago.

Nažalost, slobodni muškarci naših godina ne trče ulicom sa zalepljenim natpisima na stomaku. Pre će biti da se sakrivaju pod nekom stenom. Problem za slobodne pedesetogodišnjakinje je taj što im je lakše da upecaju nekog mlađeg ili pak nekog manje zgodnog starijeg čoveka. Ovi istih godina su ili zauzeti, ili nisu ni za šta.

Ne želim da vređam, ali većina muškaraca mojih godina mi izgleda mnogo starije i ne dopada mi se. Još ako piju, previše rade i zaboravljaju da vode računa o sebi, začas upadnu u onu kategoriju *nisam ni za šta.* Da ne zaboravim da pomenem opasnost od ćelavosti i masnih naslaga na stomaku. I ne bih se zadržavala na poslednjem, najmanje vidljivom problemu, a koji bi trebalo ponajviše da nas brine.

S druge strane, imam utisak da pedesetogodišnje žene, za razliku od svojih muških vršnjaka, vode više računa o sebi. One se uspešno bore protiv starenja metodama za koje se muškarci plaše da će umanjiti njihovu muškost.

Ukoliko žena u pedesetim godinama pronađe blago, to jest naleti na nekog slobodnog muškarca svojih godina, to je fantastično! U najboljem slučaju, neće biti drugačiji od nje. Biće očuvan i u dobrom stanju. U najgorem, kupiće mu aparat za brijanje i češalj (naravno, suptilno). Ali pod uslovom da to nije neka lenština, već da je uspešan u svom poslu. Naravno, uspešan je možda u iskušenju da povremeno obesi i neku mladu lepoticu o svoje rame. Možda i hoće.

Ali strpljenja. Prevazići će on to. Vratiće se.

Jednog vetrovitog dana, bogatiji za još jedno iskustvo, otrežnjen zbog posledica, spreman da doživi nešto drugačije i konačno spreman za malo drugačiju vezu, vratiće se na tržište i naleteće na neku drugu ženu.

Godine smo prevazišli, izborili se s njima, ne pridajemo im pažnju, zaboravili smo na njih!

Pošto smo se složili da su godine deo prošlosti, sve što treba da uradimo jeste da u to uverimo i druge… Na kraju krajeva, biće dovoljno da u to uverimo samo jednu osobu.

Do tada, novorođene pedesetoscentkinje moraće da se suoče s novonastalom situacijom, da budu spokojne, ostanu čvrsto na svojim nogama i da, što da ne, pruže priliku nekom novom muškarcu da bude deo njihovog života.

Ponovo slobodni u pedesetoj

Uspeh nije večan, neuspeh nije kraj: to je podstrek da se nastavi dalje.

Čerčil

Prošlo je mnogo otkako ste napravili neke važne odluke u životu, bilo da ste izrodili decu ili ne, bilo da ste još u vezi ili ne. U pedesetim, šta god da ste postigli u životu, karte su već podeljene. Naravno, ukoliko ste imali sreće u prvom bacanju, utoliko bolje. Ali ne zaboravite, druga runda obećava mnogo više. I ono što je između vrlo je važno. Šta vas to čeka: vreme, sloboda, srdačnost, nekoliko kratkih veza, čisto zarad iskustva, zbog kojih ćete kao bajagi žaliti, a koje će vam u stvari učiniti dobro i uputiti vas na pravi put.

Biti slobodna žena sa pedeset nije strašno kada probleme gledamo pojedinačno, ali sve zajedno, u kombinaciji, teško padnu u momentu kada nije lako povratiti psihološku ravnotežu, a lako ju je izgubiti. Ostati sam u pedesetoj mnogo je veći problem nego kada se to dogodi u bilo kom drugom dobu života. Početak samoće je uznemirujući, jer iziskuje promenu navika, a kada se menjaju dugogodišnje rutine, to obično boli. Navike se godinama stiču, a sad moramo da se primoramo da sve posmatramo na neki drugi način, ali i da ne žalimo za onim što smo nekada imali.

Promena je nešto što se relativno lako može prihvatiti sa trideset. Promena u pedesetoj je nešto na šta čovek mora da se prisili. Dobro je kada je to promena nabolje: veći stan, udobniji krevet ili bolje plaćen posao. Ali promena koja donosi neželjenu samoću, doručak bez društva, san bez ramena na koje ćete nasloniti glavu i rastanak s prijateljima svog bivšeg – ona je stvarno strašna. Ipak, ako skupite snage i pogledate u daljinu, već tada ćete moći da vidite slobodu i mir koji vas čekaju. Naravno, u tom trenutku nećete želeti to što vidite – ili nećete verovati svojoj najboljoj drugarici, koja se kune da je to istina. A opet...

Bol u srcu

Ne samo da ste ostavljeni već vam je i familija bivšeg muža jasno stavila do znanja da ne želi vaše prisustvo, iako ste doskoro bili redovan gost. Nova vlada planira čistku. Onim ženama koje imaju decu tinejdžere ovo biva još teže, jer deca će želeti da provedu raspust na imanju bivšeg, s rođacima, kucama, macama, bakom i dekom. Ostaviće vas same i neutešne.

Onima koje su već neko vreme bile same sve to i ne padne toliko teško. Ljubavni život ovih žena vodio je od vrata do vrata, sve dok nisu shvatile da moraju da zauzmu stav: brzina ili sigurnost, što bi rekao bankar kada vam nudi kredit. Kao po običaju, takve žene u tridesetim plivaju i u dubokim vodama, ljubav pronalaze na svakom koraku i s vremena na vreme se vraćaju bivšim ljubavnicima, onima koji se ne računaju mnogo i nikada se ne pominju, ali su uvek tu da se vrate na prvi zvižduk.

Naravno, to se odnosi samo na najoptimističnije, najbezbrižnije, najhrabrije i najpametnije. Na one čije su veze bile vatrene, koje su ih potom prebolele i nemaju nameru da im se vrate.

Nikad više

Nakon raskida iz veze obično izađete umorne, tužne i ranjive, a neke od nas, koje su se tek oporavile od gubitka, obično kažu sebi da više nikada nikoga neće voleti. Da će čuvati ljubav i leptiriće u stomaku. Da posle borbe emocija više niko neće podići pobedničku zastavu. Da prolazak kroz isto ne dolazi u obzir.

Naše ranjive pedesete su godine kada možemo hladnokrvno da odlučimo da se lišimo ljubavi. Ali iako možemo da se odreknemo ljubavi, možemo li da zaboravimo bol u srcu? Život bez ljubavi trebalo bi da bude život bez problema. Dakle, gotovo je s ljubavlju! Zaboravi da postojim, ljubavi! Zbogom, ljubavi! Odlučni smo da ubuduće tu emociju čuvamo samo za jednu osobu koja je zaslužuje: za sebe.

Kako bismo izbegli da dovedemo sebe u situaciju da pogazimo svoju reč, možemo se okrenuti ka umetnosti. Jedna od mojih ideja za traženje mira (doduše, nisam je još sprovela) bila je da održim pogrebnu ceremoniju, zamotam ljubav u platno, iskopam rupu u bašti, zakopam platno, posadim drvo preko, pobacam malo kamenčića okolo, možda čak i da zabodem krst na kome piše: „Ovde počiva ljubav." Čini nam se, kad bismo ubili ljubav uopšte, mogli bismo da nastavimo dalje, da unapredimo sebe na ličnom i profesionalnom planu – upisaćemo neki kurs, napisaćemo roman, naučićemo kako se koriče knjige, počećemo da blogujemo, čitaćemo klasike, vratićemo se učenju latinskog, snimaćemo naše ručne radove, skočićemo s mosta vezani za elastičnu traku...

Da živimo!

Više nego ikada, u pedesetim se živi samo jednom.

Da živimo bez kočnica, bez čekanja, bez nade...

Ili je to samo nešto u šta želimo da verujemo tog trenutka...

Usvojiti mačku

O, duše iz čarobne lampe, želim da nikada ne poželim da imam mačku.

Mačke su dobro društvo, naročito ženama. Ali nakon nekoliko godina, u zavisnosti od okolnosti, mogu biti i više od toga: saveznik, nova perspektiva, lako dostupan relativizam, društvo za svaki dan i odlični slušaoci.

Veze s mojim mačkama uglavnom su trajale duže od veza s muževima i ljubavnicima. Verovatno jer one ne traže ništa i nemaju nikakvih primedbi. Neumorno pokazuju smirenost i privrženost, baš kao što nas drveće inspiriše na opuštenost i meditaciju.

Mačke ne traže samo pažnju, već i ljubav. A mi imamo potrebu da im tu ljubav i pružimo, pogotovu kada nam domovi opuste. Tako, kada nema nikog drugog na vidiku, mačke postaju rezervna varijanta, neko ko skuplja mrvice vaše ljubavi i popunjava prazninu u vašem životu, dnevnoj sobi i srcu.

Tako sam i ja na pragu pedesetih i na kraju ljubavne priče udomila preslatku malu krznenu lopticu, koju mi je ćerka poklonila bez pitanja. I ona sama se borila s adolescencijom, koja je za moj ukus stigla prerano, i neobuzdano počela da uživa u svojoj slobodi, a verujem, i u korišćenju nedozvoljenih supstanci. Kako je mogla da pomisli da će prisustvo mačora odvući moju pažnju od njenih prestupa? Jasno je da bih rekla: „Ne dolazi u obzir!“, samo da me je uopšte pitala da li želim mačku. Ali kada se pojavila noseći tronedeljno mače u rukama, s crvenom mašnom vezanom oko vrata, istog trena sam se raspilavila.

Čim je mačor postao deo mog života, osećala sam se dobro (pa, bolje, hajde da ne preterujemo). Kako sam se ja kretala po stanu, i on je pratio svaki moj korak, sedeo pored mene, postao je deo dekora samim tim što je bio tu. Bila sam dirnuta kada mi je skočio u krilo i kada sam osetila njegov hrapavi jezik na obrazu. A sve to po ceni malo mačje hrane i povremenog brisanja poda. Ponekad je ta privrženost bila suvišna – ali ljubav nekada ume da bude pravi teret! U zavisnosti od raspoloženja, umela sam s manje ili više nežnosti da ga odgurnem nogom, ali on mi to nikada nije uzimao za zlo i činilo mi se da bi već naredne sekunde sve zaboravio. Smireno, kao što samo mačke umeju, vraćao bi se kao da se ništa nije dogodilo (san svake žene!).

Brzo sam shvatila, doduše, da su njegove jedine manjkavosti bile pol i to što nije bio u ljubavi s mojim stilskim nameštajem, pa je ostavljao fleke svuda po njemu. A i nikako nije uspevao da odoli mojoj plišanoj sofi pre nego što mi se osmehne, ili je to bilo ono što sam ja čitala na njegovom licu. U čemu je bio problem? U Njujorku bi mi preporučili pomoć stručnjaka. Ali ja živim u Parizu. I tako sve dok nisam odlučila, pošto se ista stvar ponavljala iz dana u dan, da rešenje potražim u kastraciji. Nakon toga je nestalo njegove arogancije i još sam više zavolela tog mirnog mačka, kakav je postao. Njegova neverovatna promena se mnogo više uklapala u moje okruženje.

Raskidi

Mnogi se žale na izreku da je sudbina kriva za sve. Ali svako na svoj način. Neki imaju slabo pamćenje i vrlo brzo sve zaborave. Drugi do kraja života nose teret svoje patnje i konstantno se vraćaju na istu temu. Poput virusa, opsesije napadaju njihov mozak.

Kako posavetovati prijateljicu posle raskida

Da li je raskid uvek smak sveta? Hajde da prodiskutujemo o tome. Otišao je, to je tačno, ali on vas nije samo ostavio, dao vam je i slobodu.

Setite se strpljenja vaše prijateljice, koje je imala za vas, dok ste vi bili u haosu i kako ste imali želju da je ošamarite kada vam je mirnim glasom rekla: „Gledaj to s vedrije strane, sad si slobodna."

E, sada je na vas red, jer prijateljica je došla kod vas i ispričala vam tužnu priču o svom bračnom životu. S glavom skoro potopljenom pod vodu, i dalje pokušava da ostane na brodu, iako je kreten već podigao jedra i otplovio. Već neko vreme njen muž se vucarao okolo – svi smo to znali, pa i ona, iako to nije želela da prizna. Predomišljao se, ali je na kraju ipak otišao. Dakle, kako da odgovorite, šta da joj kažete, šta da uradite?

Počnite sa ogorčenim: „Ne! Zar on? Ne mogu da verujem!", iako uopšte niste iznenađeni vestima. Zakasneli efekat slike u ogledalu tera vas da se prisetite koliko je dugo morala da sluša o onom idiotu čije ste ime, hvala bogu, već zaboravili. Trebalo bi da je podsetite na to vreme i njenoj posvećenosti prema vama, da joj zahvalite i da joj se izvinite. Ali dok ne izvučete tog virtuelnog džokera, morate joj uzvratiti uslugu i saslušati sve što ima da kaže, sa istom onom empatijom koju je ona vama nekada pokazala.

Dok razmišljate kako da je odvučete od sumornih misli, najpre pokušajte da joj date gomilu prosvećenih saveta. Koliko je poznato, to je uzaludan posao jer ispred vas stoji neoboriv zid. Upozorenja i analize su beskorisni jer ona neće čuti ništa od toga, pogotovu ako je to u suprotnosti s onim što vam ona govori. Jednostavno slušajte, dajte joj nadu da treba da ide dalje, okrene se drugim ljudima, da počne da vežba, krene na masažu, prijavi se na sajt za upoznavanje, diše, meditira... možda čak i ode u krevet s nekim od onih anonimusa, koje, poput dobitka na lutriji, možete da izvučete kad god izađete u grad. I mada bi ovaj poslednji savet mogao biti veoma koristan, ona će reći (a znate da hoće) da jednostavno nije za to.

Uložićete mnogo truda da nađete reči za koje mislite da su prave. Ali ne trudite se previše, jer će sve to proći neopaženo ili neće imati efekta. Dakle, držite se činjenica, ne osuđujte, kombinujte, maštajte, istaknite ono najbolje, protumačite ili se unesite u priču. Obuzdajte emocije, pokušajte da je utešite i, pre svega, ne kritikujte, jer pre nego što se konačno rastave, sigurno će odspavati zajedno još koji put.

Vaša dobra drugarica neće vam reći da je ponovo bila s njim, a vi ćete, kao odani drug, prećutati svoje sumnje. Neće poslušati nijedan vaš savet i uradiće ono što ona želi. A zbog čega, pitate se? A da li ste vi poslušali njen savet? Moje mišljenje je da se nikada ne treba mešati u tuđe veze: emocije ili želja za seksom uvek će pobiti vašu dobru nameru.

Na kraju će rezultat biti još jedna ostavljena žena na već pretrpanom tržištu.

Nemojte se žaliti

Ceo krevet je samo vaš, tokom noći možete staviti ulje na kosu, kremu ispod čarapa, svaki drugi vikend je samo vaš, bez dece, svi ti kilogrami koje nijedna dijeta ne bi mogla da istopi, izlasci i sve druge mogućnosti koje vam se pružaju nakon toliko godina bračnog života!

Krenite napred, naspavajte se, opustite se, okrenite se prednostima novonastale situacije, promenite kanal i zahvalite Bogu što ste živi . Vlade se menjaju, ali mi ostajemo zajedno s prijateljima, koji su tu i u dobru i u zlu.

Da li znate da postoji prirodan lek za tugu, baš kao što postoji prirodan lek protiv holesterola (ananas, na primer)? Posle flaše *sen žilijena* pričaćemo i o tome. Trebalo bi i da čitate, jer čitanje je stvarno melem za dušu.

Postoje dve opcije.

Prva je da čitate o teškim temama, koje teraju na razmišljanje: „Postoje i oni koji su prošli mnogo gore nego ja, tako da ne treba mnogo da se žalim." Ponižavajući raskid, gubitak posla, gubitak voljenih, transplantacija srca, kancer – naprosto srceparajuće životne situacije, koje vam govore da ste srećni što ste uopšte živi.

Druga strategija je da čitate pozitivne tekstove, šaljive. Ali i da gledate komedije i dopustite da vam smeh vrati optimizam.

Izbor je na vama, ali ja preporučujem drugu opciju.

Sačuvajte svoje dostojanstvo

Završetak veze trebalo bi da bude diskretan. Oduvek su me fascinirale žene koje se do tačke bola bore da zadrže svog muškarca (i njihov status). Njihov trud se ponekad isplati, ali po kojoj ceni? Ono što ne ubije ljubav, to je ni ne jača, samo je čini još nesigurnijom. Poželite da im kažete da zaborave, da puste sve da se završi glatko, da ne prosipaju otrov iz čeljusti, iako je teško spustiti se na zemlju bez zlatnog padobrana. Ali to je jedini izlaz. Dakle, drage moje, izvucite se na prstima, pogledajte na drugu stranu, okrenite se budućnosti, nekom drugom koga ćete pronaći. Preuzmite kontrolu, nemojte trpeti. Pokušajte čak i da se nasmejete. Ne, ne onim strašnim usiljenim osmehom, koji otkriva sve zube, već onim drugim, samouverenim osmehom. Poželite mu sve najbolje. Budite dama! Naravno, sigurno ćete morati da se izborite sa slomljenim srcem, ali tako to ide! Ali nemojte naglas iznositi manjkavosti svoje suparnice: proređene zube, njen zrikav pogled, praznu glavu i sumnjivu prošlost. Nema potrebe. Nećete uzdignuti sebe time što ćete nju omalovažiti. Čak i kada biste imali šta da kažete, on će to i sam ubrzo saznati. Mada... Dakle, uvucite kandže i nestanite visoko uzdignute glave. Otputujte u Indiju, svratite na izlet u Keralu. Videćete, vratićete se (ili nećete) preporođeni, pročišćenih čakri.

A onda jednog dana.

Srešćete se sa njom.

Prst će vam stajati na obaraču.

I nećete se kolebati.

Pedeset i neka u samoći

Nemamo drugog izbora već da iz te novonastale samoće izvućemo ono što je najbolje. Žena koja je ostala sama i ne želi da gleda crno na stvari videće dobrobit mnogo kasnije.

Najpre, svakom ko želi da čuje, dajte do znanja da ste dobro, da uživate u slobodi i da ni za šta na svetu ne biste ponovo delili svoj krevet i život s bilo kim.

„Dođavola, ne!“, reći ćete. „Dovoljno sam patila!“

Većini ovo neće biti prihvatljivo. Zbog čega? Jer vaša neprocenjiva sloboda krije tajnu želju za svim onim što tvrdite da vam nedostaje: zajednički život, podela troškova za kiriju, zajednička korpa za prljav veš i pozivnice ispisane u množini. Kažete da je svemu tome došao kraj? Možda se to samo tako kaže.

Jer ako jednog dana upoznate nekoga ko vam se dopadne, zašto u sumorno nedeljno popodne ne biste podelili tanjir špageta i čašu šardonea s njim?

Posle svih udaraca koje smo podneli, nakon što smo zakopali zamotanu krpu u bašti, šta ako poželimo da je ponovo iskopamo?

Ipak je reč o ljubavi!

Jer svako, svi oni koji je još nisu pronašli, traže Ljubav. Ljubav je najbitnija, pa hajde da je pišemo velikim slovom. OK, kada se priča na tu temu, neko će uvek reći: „Prvo zdravlje, pa onda ljubav." Pa, neće moći, zdravlje se ne piše velikim slovom. Ako uporedimo TV emisije u kojima se govori o medicinskim temama i bestselere o organima, literatura i filmovi mnogo više govore o Ljubavi nego o zdravlju. U većini slučajeva, samo Ljubav, i ništa drugo, može da vas učini lepšim i snažnijim, ili može da vas ubije. Ljubav je uzrok, a zdravlje je posledica. Dakle, koja bi bila boja Ljubavi?

Tražimo ljubav, ili sezona odbijanja

Mnogo boja ljubavi

Svaka ljubav je priča za sebe, ima svoju boju, a naša srca se nose s njom kako najbolje umeju i znaju, uprkos iskustvima i ožiljcima, koji nas obično ničemu ne nauče. Postoji mnogo boja ljubavi, a svako doba nosi sa sobom drugačiji modni trend. U pedesetoj, kada smo već preživeli sve dugine boje, možemo da podignemo vlažan prst i vrlo brzo odredimo temperaturu. I četkica našeg srca može biti obojena u neku toplu boju strasti, ili u neku tamnu, što nam govori da nismo na pravom putu.

Da li smo bili u stanju da se izborimo sa svim onim što nas je zadesilo? Da li ćemo sada, kada znamo sva pravila, umeti da gledamo na ljubav bistrijim očima? Kako da se borimo s problemima? Monotonijom, izdajom, iskušenjem?

Rešenje je pronaći pravi odgovor na to.

U pravo vreme.

Imamo široku paletu raznih vrsta Ljubavi.

Nežna Ljubav vas podigne i ostane uz vas; Fatalna vas proguta i umori; Platonska Ljubav vas ne ispunjava u potpunosti i umori vas od sve te borbe; Prinudna Ljubav je u osnovi bolest; Ravnodušna Ljubav ulaguje se ponosu; Otrovna Ljubav ostavlja pustoš onima koji joj se vraćaju; Strasna Ljubav vam pomaže da izgubite kilograme; Samoživa Ljubav vam pomaže da uštedite doprinose za penziju; Destruktivna Ljubav otkriva traume iz detinjstva; Nostalgična Ljubav vas podseća na greške koje ste pravili u mladosti; Seksualna Ljubav, potpomognuta hormonima, služi za rekreaciju koja može da se plati i na sat; u Korespondentnoj Ljubavi obe strane imaju strast dok drže nalivpero u ruci; pa Tužna Ljubav; Luda Ljubav; Opuštena Ljubav, koja nije baš uobičajena nakon nekih godina; Večna Ljubav, rezervisana za one koje smo izgubili; Ljubav koja Budi čini da izgledate i osećate se bolje; Umiruća Ljubav ostavlja tugu i čini da se osećate loše; Ljubav Tu i Tamo; Luda Ljubav; Nežna Ljubav. Ukratko, i sve i ništa.

Pa, u kojoj se pronalazite? Koju imate na stanju?

U momentima najgoreg pesimizma, umem da napravim proračun: ako izbacite iz izbora oženjene muškarce; kao i one koji vole neke mlađe ili koji vole muškarce; i one koji su se samoizolovali nakon razvoda, ili se okrenuli isključivo religiji; pa one koji zaista vole samo svoju majku; one koji su postali impotentni i radije bi da se to ne sazna; zatim one za koje se ispostavilo da su transrodne osobe – koliko ih ostaje za finu mladoliku pedesetogodišnjakinju? S obzirom na toliki manjak, da li bi ipak trebalo da ukrademo muškarca nekoj drugoj ženi? Da se potajno nadamo da će nečija veza pući? Da učimo šamanizam, ili još bolje, umetnost samovanja?

Doček Nove godine

Taj 31. decembar je dan koji iznova zadaje bol svima koji su nevoljno ostali sami. Pristali ste da odete na zabavu gde ne poznajete nikog od zvanica. Od samog početka sve krene loše kada u liftu naletite na bombu s nogama dugim metar i dvadeset. Izgleda fantastično. Ako se na proslavi nađe neki iole pristojan i slobodan muškarac, biće njen. A ako je u Ligi šampiona, onda ste već u ozbiljnom problemu.

Ali na konačno razočaranje moraćete da pričekate ponoćno odbrojavanje. Tek tada shvatite da ste potpuno sami, i to ne samo metafizički.

5, 4, 3, 2, 1.

Srećna Nova godina!

Parovi se ljube i jedan drugom žele puno zdravlja i sreće. Tih nekoliko minuta je najgore. Tu ste, sedite na svojim rukama, želite da nestanete i ne vratite se više nikad. To je loš početak godine. A gledate kako bomba bezbrižno pleše dok joj nečija ruka steže široki pojas. Svesna svoje lepote, izgleda srećno. I muškarci je gledaju. Nema šanse da primete vas, osim ako se pijani ne srušite na pod.

Dugo sam se ubeđivala da ne provodim 31. decembar u krevetu samo da bih se spasla tih pet minuta pre i posle ponoći. To je veče koje donosi utučenost, a ne sreću i radost deljenja. Zašto sam ja sama među svim tim parovima?

To je samo u vašoj glavi! A šta ako ta bomba ima veći razlog da bude očajna?

Ako ne možete da kontrolišete ono što osećate, uvek možete da uradite nešto sa svojim izgledom, garderobom i osmehom. Ručice, koje uvek možemo da pomerimo, stalno nam pomažu da budemo lepe, makar u sopstvenim očima. Ostali obično prepisuju od nas. Dakle, trebalo bi svakako da doteramo liniju, lepo se obučemo, sa stilom, da se smejemo, prihvatimo svaku vrstu poziva, izmislimo nekog ljubavnika ako treba i, zapravo, da ga zaista nabavimo.

U vezi s poslednjim, primetila sam da pojedine žene u pedesetim, uglavnom one sa zdravim egom, rado pričaju o svojim brojnim osvajanjima. Pomalo mi je to smešno jer to su iste one žene koje su u tridesetoj isprobale svaki trik iz knjiga kako bi prikrile svoje prestupe. Ali tada je bilo puno akcije, a malo priče, a sad... pitam se da li ima i deset posto akcije u tolikoj priči. Ali to je nevažno. Na kraju, računa se samo to da li izgledate zavodnički. Da pokažete volju.

Ne preagljujte

Vaša mašina za potragu je na svom mestu, svi vide da ste upalili farove (i muškarci i žene), ali pošto ste tokom godina podigli kriterijume, to, naravno, smanjuje broj potencijalnih mogućnosti. Dakle, gde ćete sleteti? Naravno, slažete se da ćete napraviti neki ustupak, ali koliko daleko ćete otići u tome? Prosečan izgled? Čopor dece? Novčani tokovi? Loši maniri? Nizak koeficijent seksualne moći? Perverzija?

Biće lako izboriti se s njegovim sitnim nedostacima i manama, ali kada se vaša ljubav prema njemu kosi s onim što možete da podnesete, imate pravo da kažete sebi: muškarac, da, ali ne bilo koji, i ne po svaku cenu.

Naoružajte se mrežom skenera i proučite sve što vam se nađe na putu. Ne isključujte radare, ne žurite, ne donosite preuranjene zaključke. A što je najvažnije, uprkos crvenoj zoni, pokušajte da imate takta.

Savetujem vas kao da znam o čemu pričam, ali baš kao što su fizijatri potpuno nesigurni s anatomijom, a deca prosvetnih radnika najgora u školi, tako se i ja borim s crnim mislima i delim krevet s mačorom. Hej, ali pozitivno razmišljajte!

Kada sam dobila jedan jutarnji poziv, odlučila sam da okrenem volan i krenem u osvajanje. Da se naoružam i upoznam nekoga. U svakom slučaju, obećala sam sebi da više nijednu Novu godinu neću dočekati s mačorom.

„NIKAD VIŠE!“, rekla sam decidno mačoru.

Vreme u kom nije bilo hrabrosti ostalo je iza mene, ali i nova runda rastanaka je počela.

Vidimo se kod kuće!

Sećam se jednog kog sam upoznala u restoranu. Bio je zgodan (lepota je važna), a ručao je sam za šankom. Sedela sam do njega u društvu svoje prijateljice. Savršena prilika za razgovor. Najpre smo razmenili pokoji osmeh, a onda i brojeve telefona. Kasnije sam saznala da nije slobodan, ali pozvao me je dva meseca kasnije, čim je ostao sam. Klasičan početak: izložba, večera, krevet. Probudili smo se i već se našli na drugom nivou, a onda i na trećem. Svakako prebrzo za moj ukus. Nešto mi je govorilo da suviše brzo idemo ka kraju. Volim kada se sve odvija polako, pogotovu kada ja nisam za volanom. Ali kako da zaustavite trkačku mašinu a da ne prekinete čaroliju sa princem na belom konju, kog ste toliko dugo čekali?

Samo nekoliko reči zapalilo je fitilj mog straha, pa sam se dala u beg. Pošto je moj zgodni prijatelj živeo u potkrovlju, u sobi sa zajedničkim kupatilom, viđali smo se samo u mom stanu. Trećeg dana naše idilične veze, pozvao me je oko pola sedam. „Draga, kupio sam hleb", rekao mi je uzbuđeno. „Vidimo se kod kuće?"

Najpre me je oslovio sa *draga* (što mi nikada nije prijalo, uprkos tolikim godinama braka), a onda, lepotan se pozvao i na večeru. To što je on kupio hleb treba da znači da se od mene očekuje neka lepa večera, a posle, možda čak i neki desert, ko zna?

Na kraju, to „vidimo se kod kuće" bacilo me je u razmišljanje.

„Kod kuće? Ali čije kuće?"

„Znaš već, kod kuće... kuće, tvoje kuće!"

Tišina. Neprijatnost. Šta on to misli? Šta ja tražim s njim?

Kakve sve vrste plivaju u dubokim vodama slobodnih muškaraca? Koliko li ću još aligatora sresti dok ne pronađem nekoga ko će usporiti tempo? Ko će ostaviti neko vreme za upoznavanje, za zavođenje, za uzvraćanje emocije, pa i za distancu. Ukratko, treba nam vremena da upoznamo nekoga. Vreme koje dozvoljava želji da postepeno raste.

To i jeste problem kod nezavisnih žena: muškarci koji uskaču u njihove krevete su laki. Ukoliko se nađete u situaciji da kroz težak period prolazite bez psihološke podrške, samo sa bensedinom i mačorom, postoji veliki rizik da ćete se zakačiti za muškarca koji nudi ljubav u zamenu za vašu imovinu i novac. I dok trepnete, guraćete kolica po Ikei zajedno sa njim. Prava noćna mora.

Jedan moj pametni prijatelj, koji je uzimao nešto slično za smirenje, a pritom je bogat i poznat, oženio se za četiri dana nekom sponzorušom. Tako su to videli svi njegovi prijatelji (koji su bili užasnuti), sve prijateljice (koje su bile iskreno zabrinute), pa čak i ta sponzoruša (koja je bila na sedmom nebu). Kada je prestao da uzima terapiju, shvatio je da ta žena nema ništa zajedničko s njim, da uopšte nije njegov nivo, ali bilo je već kasno, jer se već uselila u njegov stan sa sve svojim nameštajem, dvoje maloletne dece i trećim na putu. Pod takvim okolnostima teško je povući ručnu i ja stvarno mislim da je trebalo da tuži kompaniju koja proizvodi takve antidepresive.

Ma, ne brinite, ponavljanje starih grešaka je potpuno normalna stvar. Svakome se to dešava, verujte mi. Svaka greška povećava vašu sumnju i nepoverenje, ali nema odustajanja. Postanete nekako lakomisleni, ne zato što morate, već zato što nemate izbora, i nažalost, shvatite da slobodni muškarci nisu ni nalik vašem muškarcu iz snova.

Bićete naterani da dođete do zaključka da su najbolji već odavno razgrabljeni. Škripaćete zubima kada vidite neku od onih domaćica koje nemaju šta da pokažu, a namerno maltretiraju svoje krasne i verne muževe pred drugima. Zašto je većina divnih muškaraca u vezi s vešticama koje ih terorišu kako god stignu? Možda jednostavno zato što su te žene birale baš njih. Pomogle su sebi na vreme i uočile tu crtu koja im odgovara. Znate one, onaj tip žena koje su na fotografijama uvek u prvom planu. To su te! Bezobrazne, navikle da im se ugađa, sigurne u sebe i potpuno nesvesne svojih mana.

Ako zađemo malo dublje u psihologiju, u njenom slučaju prepoznaćemo senku nežnog oca.

A u njegovom, majke.

Da li treba da snizite svoje kriterijume? Pa, i vaš najniži kriterijum mogao bi lako dodatno da opadne s obzirom na nestašicu na tržištu. Moj savet je da podignite ručnu, ali udicu ipak zabacite duboko.

Pogrešan muškarac – I deo

Moj favorit je trbušast i maljav Mediteranac. Volim lukave rundave mede, koje imaju mesa na sebi. Ne pitajte me zašto, jednostavno je tako. Nemam objašnjenje za svoj izbor, koji ni u kom slučaju nije genetski, jer ni moj otac, a ni majka, nemaju sličnosti s tim tipom. Tako, kada me je ćelavi dvometraš pozvao u pozorište, pristala sam samo zato što je on režirao predstavu.

Prve večeri moj cenjeni režiser gledao je ispod oka kako se smejem, a onda me izveo na večeru, tokom koje smo se zbližili samo onoliko koliko je dozvoljeno na prvom sastanku. Osmesi su bili iskreni, razgovor tečan i sve je bilo dovoljno dobro da se vidimo i drugi put, pa i treći.

Pokazao je neke odlične kvalitete – humor, uljudnost, vaspitanje – one koji se izuzetno vrednuju u Parizu, a iza njegovih sivih očiju krio se sofisticiran um. A najviše mi se kod njega dopala blaga narav.

Na ovom nivou, pogotovo u našim godinama, ako se dvoje ljudi dopadnu jedno drugom, ne razmišlja se mnogo. Postoji neko akademsko i društveno prihvatljivo vreme, koje varira od jednog dana (ili noći) do šest meseci, i više (što zavisi od smelosti i afiniteta), tokom kog se dvoje viđaju, razgovaraju, izlaze zajedno i oboje čekaju momenat koji će pokazati da oboje dugo gaje želju i da se slažu u seksu.

Ali sve se to malo razvuklo, i svaki put kada bismo se spremali za neki od naših gastronomskih rituala, hvatala sam sebe da biram donji veš, misleći da će možda baš te večeri, ko zna...

Ali ništa da se dogodi.

Svaki put kada bismo se sreli, ja sam bila sve nervoznija i zbunjenija. Nasuprot mojoj prirodi, nekako sam uspela da razvijem strategiju ćutanja. Kao što verovatno i pretpostavljate, čekala sam da moj lepotan klekne na koleno sa ružom u ruci. Ali ništa od toga da se dogodi. Imala sam utisak da je nekako izgubljen i pitala sam se da li je to zbog njegovog nedavnog gubitka partnerke. Potpuno sluđena, porazgovarala sam sa svojim prijateljem Nikolom, koji se pomalo razume u komplikovane veze. Prihvatio je ulogu mog učitelja.

„Taj čovek je rastrgan, jedva stoji na nogama."

Njegovo objašnjenje me je umirilo, jer svakoj ženi koja traži ljubav potajno treba negovateljica.

Tako smo Nikola i ja počeli da analiziramo njegove poruke i mejlove i razmišljali kako da odgovorimo na njih, sa samo jednim ciljem: da završimo više (prokletu) stvar. Svi naši napori bili su uzaludni.

Prošlo je tri meseca od našeg prvog susreta, i ništa. Mom učitelju je prekipelo.

Režiser je jednostavno inertan.

Ili nezainteresovan.

„Nezainteresovan je", rekao je učitelj, „zaboravi ga."

Ali jednog dana, dok sam se opraštala od njega, propela sam se na prste da bih ga poljubila u obraz, a kako nisam okrenula glavu koliko je trebalo, osetila sam da je to pravi momenat, da će se nešto dogoditi.

Zgrabio me je i konačno poljubio! Ali ne s jezikom i mojim rukama na njegovim leđima, što nije bilo ni opuštajuće ni inspirativno. Takva nespretnost me je potpuno šokirala. Shvatila sam tad da je isključen, obrisan.

Dakle, da bih povratila samopouzdanje, odmakla sam se malo od njega, kako bih mogla da ga pogledam sa osmehom na licu.

Ne želi me, ali nije ni važno.

Ne zna šta propušta.

Volim što sam sama – slobodna sam i život je preda mnom.

Makar je to ono što sam govorila sebi, sa suzama u očima i maramicom na nosu.

S devojkama

U tom periodu samovanja, kada se radujemo slobodi i svemu ostalom, društvo su vam uglavnom žene. Viđamo se sa ženama i s njima delimo muke, alkohol i priče. Kakva je razlika između naših i preokupacija tridesetogodišnjakinja? Skoro nikakva.

„Muškarci i žene se i dalje rastaju, kao i nekad, i dalje se vodi rat između muškaraca i žena.“ Nevinost, četrdeset četvrta, dvoje dece, petogodišnji problemi sa mužem.

„Molim?“

„Tako je, muškarci su naši neprijatelji. Ili se svađamo, ili nas napuste!"

„Može li neko ovo da mi objasni? Dajte, žene, i device su u problemu!"

„Pogledajte oko sebe! Gde su muškarci? Nema ih!", odgovorila je.

Ali ne brinite, device istog časa zaborave na rat (sve do jedne) kada pronađu ono što su tražile. Jednog dana – puf! – nestale su. Ne znam da li su zaista želele rat, ali pronašle su mir... to jest nešto muško.

Pogrešan muškarac – II deo

Predugo sam bila sama. Ne nesrećna, ali sama. Govorila sam sebi da moram da izađem u društvo, da idem na žurke i večere i širom otvorim oči ako mislim da nađem muškarca. A najbolji način za to je samostalno organizovana žurka. Dakle, pozivnice su poslate svima koji su se zatekli u mom adresaru. Svako nek donese po flašu ili šta god želi. Dodala sam i smajli i poslala.

Naravno, na listi pozvanih našao se i jedan kolac od muškarca, prema kome sam, uprkos svemu, gajila neka nežna osećanja. Pitao me je da li može da dođe s prijateljicom Dominik, koja je sa juga Francuske, a trenutno je u poseti Parizu.

„Nema problema“, rekla sam, „dovedi koga hoćeš. Pravim voćni kolač.“

„Voćni kolač?“, pitao je.

„Da, prste da poližeš, da umreš od slasti“, odgovorila sam ponosno.

U tom trenutku nisam znala da ću ja biti ta koja će te večeri poželeti da umre, ali ne od slasti.

Pozvala sam dvadesetak ljudi. Sve je bilo spremno kada se začulo zvono na vratima. Bio je to on. Bio je prvi gost. Zapravo, prvi gosti. Otvorila sam vrata i u prvi mah pomislila da je on to u liftu naleteo na tu lepu ženu kraj njega, a da je ona promašila sprat. A onda su mi se oboje osmehnuli. On mi je pružio flašu, a ona ruku.

Ispostavilo se da je Dominik prelepa brineta, koja se rodila negde kada sam ja napunila trinaest godina. Živi u Nici i radi kao anesteziolog. Za tri minuta, u samo nekoliko rečenica, bila sam potpuno sasečena. Da je bila lepa a glupa, manje bi bolelo, ili da je makar imala seljački akcenat… ali čak ni to!

Nabacila sam osmeh na (anestezirano) lice i pošla da sipam piće. Svako ima pravo da mu se više dopadne mlađa žena, govorila sam sebi. Na kraju krajeva, nije on jedini. Ali te večeri, dok sam ih gledala kako plešu, takođe sam uz osmeh imala pravo da zaključim da nisu jedno za drugo. On joj je posvećivao previše pažnje, a ona nije činila ništa da ublaži sebe.

Sve na njoj bilo je previše. Previše parfema, previše pudera, previše cigareta...

Ili sam možda ja samo bila previše ljubomorna?

Prišao mi je moj učitelj, koji je uvek imao odličnu moć zapažanja, i šapnuo mi: „Pa, ova ga je zasigurno uvela u komu!"

Ustala sam i namrštila se.

„Ali šta to ona ima što ja nemam?"

„Oh, pa ništa. Samo je petnaest godina mlađa."

Bila sam očajna, ali makar je situacija bila jasna. Još jedan dokaz da se ljubav desi brzo, ili se ne desi uopšte.

Posle zabave mi je neko dodao džoint veličine čokoladne štangle. Nisam ni okusila voćni kolač, a pila sam sve što bi mi palo pod ruku. Trava me je dokrajčila. Povratila sam tako silovito da sam isprskala zid preko puta, a i preostale goste, koji su, srećom, bili još pijaniji od mene.

Trebalo mi je tri dana da se oporavim od te večeri. Ležala sam u krevetu, gledala u telefon i čitala poruke zahvalnosti i saosećanja. Kako je to moglo da se desi nekadašnjoj kraljici noći i onoj koja je lomila muška srca?

Pozvao me je i on.

Nisam se javila.

Nisam bila raspoložena da slušam njegova izvinjenja.

Na kraju, odlučila sam da preslušam njegove poruke. Pozvao je da kaže da se odlično proveo te večeri.

Odlučila sam da se fokusiram na tri tačke: maštu (pamet, lakomislenost, radost, nezadovoljstvo sobom...), eleganciju (garderoba, izgled, staloženost...) i nadu da će moja suparnica uprskati, jer uprkos tome što sam se ja ispovraćala u peškir, možda će mu ta gospođa nezgodno stati na žulj. Prvo i osnovno, da li je imala dovoljno smisla za humor? Muškarci ne čine ustupke. Svaki muškarac ima svoje kriterijume koji su slični njemu. Za tu nežnu dušu s prefinjenim smislom za humor i skoro stalnom poludepresijom, humor je bio nasušna potreba, skoro životna, koja mu pomaže da se izbori sa samrtnom ozbiljnošću sveta. Međutim, za to vreme ja sam morala da se izborim sa neuspehom.

Uvek sam primećivala da žena, što je mlađa i lepša, lakše dozvoljava sebi da pokazuje ono što bi u pedesetim bilo neprihvatljivo. Izveštačenost i kaprici, na primer, bolje idu uz mladost i njen prateći smeh. Isto tako, muškarci mladim i lepim devojkama opraštaju nedostatak ljubaznosti, humora, darežljivosti, prazan CV i nulu na bankovnom računu zahvaljujući tom principu kompenzacije.

U to vreme, zbog hitno potrebnog oporavka mog povređenog ega, zakazala sam razgovor s terapeutkinjom. Posavetovala me je da upalim duga svetla. Drugim rečima, trebalo bi da, umesto da izlazim ili zovem ljude na voćne kolače, budem direktnija i otvoreno kažem muškarcima šta želim i šta jesam.

Duhovi pod farovima

Prvi koji je primetio svetla mojih farova bio je Edvard. Bio je mlad i lep, oštrouman, baš onakav kakve volim, i inteligentan, čega se plašim. Upoznala sam ga na večeri, posle koje sam besomučno i skoro divlje plesala. Mislila sam da je to najbolji način da pustim duga svetla: smeh i ples. U svakom slučaju, upalilo je. Dva dana kasnije, pozvao me je iako me nije ni pitao za broj telefona.

Bio je uporan da me za vikend odvede na neku destinaciju iz snova. Pričali smo o romantičnim italijanskim gradovima, ali nismo uspeli da se odlučimo. Jednog dana, pričali smo o tome i s njegovim prijateljem, koji živi u Italiji, i ja sam skoro stidljivo predložila jezero Komo, što je moje viđenje romantike, ili neko drugo jezero. Prijateljev odgovor na moj predlog bio je da je to neverovatno dosadno mesto i da bi za Komo morali da budemo veoma zaljubljeni. Na to je Edvard odgovorio: „Onda da budemo brzi.“

Da li mi se ovo dopada samo kada se ne tiče mene? Ne baš, bar mislim. Želja se odmah sudarila s mojim egom. U svakom slučaju, moj lepi gad nije ni znao koliko je bio u pravu.

Naravno, trebalo je da ustanem i odem. Ali kad god bi izgovorio nešto ponižavajuće (a to nije bio prvi put), znao je kako da se umili. Tehnika toplo-hladno ume da zaludi čoveka.

Posle tri meseca tog toplo-hladnog ponašanja, i baš pred naš romantični vikend, Edvard je odjednom nestao. Mrtva tišina.

Takav postupak, povezan s novim tehnologijama, zove se duh pod farovima. Jednog dana neko prosto nestane s vašeg radara. I ne možete ponovo da ga ulovite, a on više nikada ne pozove. Iznenađeni ste postupkom, šaljete mu poruke, a kada ne dobijete odgovor, shvatite da je stavljena tačka. To je kukavički, ali efektno, i veoma traumatično za onog ko gubi. Nema jecanja, nema poslednjeg ručka uz suze, nema onog: „Ti si stvarno sjajna osoba, ali znaš...", pre nego što tanjir sa špagetima završi na nečijoj faci; nema ni onog: „Zaslužuješ bolje...", što ide zajedno sa: „Naša veza ne bi podnela medi-okritet..." Nema nespretnih objašnjenja – „Ne volim te do-voljno" – niti onih komplikovanih – „Jednostavno ne osećam da je ovo ono pravo."

Ne.

Ostaje samo opcija na telefonu: „Blokiraj kontakt."

Dobila sam poruku od Edvarda mnogo kasnije: „Kako si?", što obično znači: „Ja baš i nisam dobro. Imam nešto da ti pri-čam." Ali kada tako nešto napiše bivši, to više liči na: „Kada ćemo se videti?" Možda bih u nekom teškom periodu, kada me je baš mučila samoća, odgovorila: „Dobro, kako si ti?", i onda bismo se ponovo upustili u nestalnu vezu koja ubija dušu. Da li sam imala dovoljno snage da se ponovo upustim u to? Kako bih izbegla da uopšte postavim to pitanje, odmah sam izbrisala poruku i obrisala broj.

Vreme je da visoko dignemo glavu!

Prednosti druženja/veze s mlađima

Pedeset i neka

Što se tiče čisto intuitivne statistike iz mog ličnog iskustva, imam utisak da mi, mlade i usamljene feministkinje u kasnim pedesetim, a i starije, imamo i neke prednosti, koje konačno možemo da iskoristimo. Kako bih olakšala sebi, nakon svega o čemu sam razmišljala, napisala sam listu pozitivnih strana, koja može da varira zavisno od vašeg karaktera.

Deca

Do sada ste već rodili decu. Ako imate sreće, već su odrasla, a s malo više sreće, osamostalila se i napustila roditeljski dom. A kao šlag na torti, već su i finansijski stala na svoje noge.

Činjenica da njihova egzistencija više ne opterećuje naš budžet (bar ne kao ranije) donosi duševni mir. A kako bi nas dodatno rasteretili briga, psihoanalitičari nas uče da treba da ih što pre oslobodimo roditeljskih stega, kako bi lakše izgradili svoju ličnost, čak i da su sve svađe i nesuglasice bile izuzetno dobre za njihovo mentalno zdravlje. Činjenica je da smo zaključili svoje poglavlje roditeljstva, što nam ne umanjuje zadovoljstvo da se viđamo s njima na nedeljnom ručku.

Ovo se odnosi na one koje su decu dobile u neko razumno i opšteprihvatljivo vreme, drugim rečima, negde oko tridesete. Sada se i to malo izmenilo. Novi trend je da i četrdesetogodišnjakinje žele (i mogu) da rađaju decu, što, naravno, brojku od pedeset i nešto diže za petnaestak godina nagore. Mlade i slobodne žene u Njujorku, koje imaju prihod od 20.000 dolara, zamrzavaju svoje jajne ćelije, da se ne bi toliko brinule za biološki sat i da bi imale više vremena da pronađu onog pravog. Ovo je etički malo klimav postupak, koji bi mogao da ima ozbiljne posledice. Mogu samo da zamislim šezdesetogodišnjakinju s kutijom jaja u frižideru, koja predlaže svom partneru da upare svoj genetski materijal i dobiju bebu. Uostalom, ko zna, možda će se s vremenom i šezdesete sniziti na današnje tridesete? Ali upućujem apel medicinskim istraživačima: molim vas, dodajte i rok trajanja na tim kutijama, jer imam utisak da ima i žena koje će izgubiti moć racionalnog razmišljanja.

„Zdravo, kako se zoveš? Ko je ovaj dečačić? Je li to tvoj brat?“

„Ma jok, to je bakin sin!“

Posao

Što se tiče karijere, igranka je uglavnom pri kraju. Više se ne nadmećemo ni sa kim, naše oružje je spušteno pored nogu i prepušteno mlađim kolegama, koje razmišljaju mnogo brže od nas. Pošto smo dostigli vrhunac karijere, možemo da odahnemo od stresa koji nas je tamo doveo. Nema potrebe da žalimo za propuštenim prilikama jer ih više nećemo dobijati. Ego nam se uvek presamiti kada čujemo da je u susednoj kancelariji primljena neka tridesetogodišnjakinja i da već radi za istu platu kao i mi samo zato što se bolje razume u moderne tehnologije. Što je tako nepošteno i iritirajuće, ali nažalost, i logično.

Možda hodate po staklu i plivate po mutnoj vodi nepoštenog odnosa na poslu, s malom platom, ali bar imate od čega da živite? Ili ste možda razbili staklo uletevši kao furija? Trudite se da se istaknete, usuđujete se da protivrečite mlađim igračima. Ili se pak tiho povlačite. Ma dajte, kome to opet treba!

Novac

Finansijska prednost u pedesetim, negde između vrhunca plate i štednog računa, ogleda se u tome da smo, naizgled, konačno uspele da uskladimo svoje potrebe s finansijskim mogućnostima i ne koštamo mnogo – u svakom slučaju, ne koliko naša prethodnica, koja je iscedila i izmorila našeg kandidata.

Bez namere da nas omalovaže, kako engleski govornici umeju da kažu, održavanje žene s pedeset i nešto – iako to ženu stavlja u isti koš sa održavanjem stana – košta mnogo manje od održavanja žene s trideset i nešto. To kažu svi koji su se već opekli.

Iskustvo

Naučile smo već lekcije iz svih problema s kojima smo se susretale u vezi. Iako nervoza ne prolazi s godinama, možemo se pohvaliti izvesnom emocionalnom stabilnošću. Naravno, rezultat nije garantovan, kao ni kvalitet usluge, s obzirom na to da smo stekle i neke neiskorenjive navike, ali ako se one poklapaju s njegovim, dobitak je zagarantovan!

Uvek postoji rizik za neuspeh, dosadu ili poznanstvo s nekim drugim, što nikako ne valja. Biti s nekim koga volite znači prihvatiti rizik da budete ostavljeni ili povređeni. Ali kako smo kroz to već prošle na ovaj ili onaj način, svesne smo tog rizika od samog početka.

U potrazi za savršenim muškarcem

Pošto smo malo oporavile svoj ego, hajde da pokušamo da zaštitimo sebe od kolateralne štete, uglavnom prouzrokovane odbijanjem, koja može loše da utiče na naše raspoloženje, kilažu i ten. Kako ne bismo traćile dragoceno vreme, treba odrediti profil savršenog kandidata s kojim želimo da provedemo ostatak života – ili makar jedan njegov deo.

Kada mi je bilo šesnaest, od savršenog sam očekivala da ume da vozi kroz prašinu i da surfuje. Ako je još umeo i da digne prašinu i odsvira akorde pesme *San Francisco* od Maksima le Forestjea, još bolje. U dvadeset petoj tražila sam ozbiljnog studenta nekog priznatog fakulteta ili profesionalnog igrača golfa. Nekoga ko bi me naučio raznim novim stvarima, birao mi knjige koje treba da čitam i pretvorio me u sunđer. U tridesetoj je morao imati stabilnu i perspektivnu karijeru i da, makar i na najskromniji mogući način, pokaže ambiciju, kao i da bez komentara sluša moje rasprave s ocem. U trideset petoj bilo je poželjno da ume da priča smešne anegdote i da zabavlja društvo. U četrdesetoj je morao biti virtuoz. A na kom polju? Hajde, pogađajte!

Ne, nije kulinarstvo.

Ni slalom.

A u pedesetoj… o kome to mi sanjamo? Kakav treba da bude savršeni muškarac za nas u pedesetim?

Savršeni je bivši

Pre mnogo godina, veza se završila nekim glupim izgovorom i bivši se još seća kakvi ste bili dok ste bili mladi i puni samopouzdanja. Poznajete se međusobno, poznavali ste se, dopadali ste se jedno drugom, znate već kako stvari stoje, razlozi zbog kojih ste se rastali više nisu bitni – dakle, zašto da ne? Bivši vam štedi vreme? Možda biste mogli redovno da ga viđate na ručku, kako biste ostali u kontaktu, zadržali prisnost, ili kako biste imali uvid u njegovu sadašnju vezu. Ovakav kontakt će vam dati priliku da se pronađete negde među informacijama zapisanim u vašem mentalnom oblačiću. Neka vrsta skloništa i zaštite od emotivnog sloma. Vaš bivši je tu, krije se tu negde, i to je dobro znati. Nakon izvesnih godina nije lako započeti novu vezu, ali jeste nastaviti staru…

Savršeni je muškarac vaših godina

Da bi bio u prednosti, on mora da bude vašeg starosnog doba. Takvog, kao što smo rekli, nije baš lako naći kada na pijacu krenete u smiraj dana. Prednost istog generacijskog doba ogleda se u sličnostima, pripadanju istom svetu, sličnim preživljenim emocijama iz prošlosti. U stanju ste da otpevate istu pesmu. Poredak je isti, preživeli ste iste revolucije. Obostrano razumevanje je temelj dobrih odnosa. Možete baciti loptu u ugao, i uz samo jedan odskok, ona se vraća.

Što se tiče zdravlja, par istih godina deli isti nivo energije, u slično vreme oseća umor i potrebu za dremkom, oboje muči reuma, škrguću zubima, škripe im zglobovi, ispadaju im zubi, slabi im sluh, zajedno otkrivaju da im sećanje slabi...

Posebno su osetljivi na potrebe onog drugog i tolerantni kada su u pitanju neprijatne teme razgovora – na primer o kolonoskopiji, gubitku kose, prostati, zubnim protezama – koje nisu poželjne u vezama u kojima postoji razlika u godinama.

Savršeni je ljubazan

Pošto je ljubaznost u modi i izbija na vrh liste poželjnih osobina, savršeni za ženu u pedesetim mora biti fin. Ono što smo nekada smatrali slabostima (sami se prepoznajte) sada je dobilo oblik apsolutne plemenitosti. Da biste bili sigurni da vaš odabranik poseduje ove kvalitete, ne treba da oklevate da bacite pogled na njegovu romantičnu biografiju. U kom trenutku je napustio bivšu? Prvi utisak možemo upotpuniti u narednih nekoliko sekundi razmišljanja, ali budite oprezni sa savetnicima i njihovim impresijama. Ako neki savršeni kuca na vaša vrata, vaše rivalke će ga opkoliti i pokušaće da ga udalje od vas.

Savršeni je zavodljiv

Nije baš najzgodniji, ali vi gledate u savršenog i dopada vam se to što vidite. Ako nema baš sve kvalitete koje smo naveli, to i nije neki problem. To što vam se dopada baš takav učiniće da vam se dopadne i ono što niste ni sanjali da bi moglo. Ali čak i tada, ne prepuštajte se potpuno njegovim zavodničkim veštinama. Zavodljivost ume i da izda.

Ponekad je potpuno normalno krenuti ka nekom ko je zavodljiv.

Savršeni nije na društvenim mrežama

Svoj narcisizam čuva za sebe. U najgorem slučaju, on je pasivni korisnik društvenih mreža, a u najboljem, nema ga uopšte na Fejsbuku i Instagramu, ne tvituje jer ga politika ne zanima, i ne bavi se onlajn-prodajom. Nema ga ni na Linkedinu, jer ne traži ni klijente ni posao. Kao prvo, on već ima posao, a kao drugo, vrlo dobro zna da se u tim godinama (našim godinama) posao tako ne nalazi.

Savršeni ume da se izbori s problemima

Savršeni je razveden. Završio je sa svojom prošlošću, uredno ju je zatrpao u nekom podrumu. Nema ništa gore od toga nego poštovati okasnele odluke suda posle razvoda i pratiti pregovore o neisplaćenim alimentacijama. Dugo je taj savršeni odlazio u krevet s jednom istom ženom. Idealni scenario je da je ona napustila njega kada joj je dosadio. Posle tolikih godina, izgubila je razum i pobegla s nekim mladim auto-mehaničarem. Kada se osvesti od prvobitnog šoka i postane svestan da je i njemu ta veza dosadila, savršenom muškarcu lakne. Nema ništa gore od braka u kojem više nema topline i koji se održava na silu. Dakle, ostao je u dobrim odnosima s bivšom. Detalji oko razvoda braka utanačeni su uz flašu dobrog pića u obližnjem baru, a podela imovine zapisana je na papirnoj salveti, koju su jednostavno predali svom advokatu. Nema ništa vulgarnije od neprekidnih ratova i složenih proračuna. Savršeni muškarac nije u ratu ni sa kim, naročito ne sa svojom bivšom ženom. Izbegava konflikte i pravi se da ne ume dobro da računa.

Uz savršenog muškarca, kao gotov proizvod, idu i deca koja su, dobro bi bilo, već odrasla, ili još bolje, već imaju svoje porodice. Ali ako još ima decu koja su pod njegovim okriljem, i to je sreća! Jer baš kao i savršeni muškarac, i njegova deca su prirodno ljubazna, inteligentna, šarmantna, srećna i nezavisna. Takođe, dok leti šetate u šortsevima i slamnatim šeširima, osunčanog nosa, sa savršenim podrukom i njegovom decom koja trčkaraju kraj vas, izgledaćete mlađe, verujte mi.

Savršeni je udovac

Ne bih se lako snašla s ovim izborom. Cinični jesmo, ali volimo da sve bude elegantno. Razgovor s jednom prijateljicom naterao me je na razmišljanje.

U pedeset petoj, Lorens je bila sama nepune dve godine. Njen muž je jednostavno ustao i otišao nakon dvadeset pet godina braka, dan nakon što je njihovo najmlađe dete diplomiralo. Od tada uživa u rukama mlade Ukrajinke. Za nju je to bilo isto kao da je umro ili nešto još gore. Jednom mi je u šali rekla: „Bar da je mrtav, pa da primam njegovu penziju."

Nedugo posle toga, kada su se deca spremala da odu, rekla je sebi da je došlo vreme da nađe sebi novog saputnika. Družila se s ljudima koje je poznavala odranije, ali ništa od toga. A onda je neko vreme posećivala sajtove za upoznavanje. Najpre je sve to bilo zabava, onda razočaranje, na kraju je nekoliko puta bila i povređena. Između večitih neženja, koji nikada neće biti spremni za ozbiljnu vezu, onih čija se brakorazvodna parnica nikada neće okončati i onih koji i dalje ležu u krevet s bivšim ženama, Lorens mi je jedne večeri objasnila da je tržište paralizovano, a onda je trijumfalno uzviknula: „Znaš li ko je dostupan i nema bivšu ženu da trči za njim? Udovac!"

Udovci su retka i veoma tražena roba. U trci za savršenim muškarcem, udovac je dobar ulov, ako ne i najbolji. Imaju mnogo prednosti: sami su, ne plaćaju održavanje još jedne žene, možda su čak nešto dobili i u nasledstvo – novac od osiguranja, stan, kuću, itd. itd. Uz malo sreće, imaju odraslu samostalnu decu, a uz malo više, gospođa je otišla tiho, na prstima, bez priča o srcu, hemioterapiji, jedan od onih glupih slučajeva, iznenada i bez mučenja, što može svakog da snađe.

Međutim, budite oprezni. Postoji kratak period kada možete pridobiti udovca, a to je negde između kraja tugovanja i početka društvenog uskrsnuća. Posle toga je već kasno, možete biti sigurni da će ga neko već ugrabiti.

Udovac, koji se nada da ćete ga utešiti, ima samo jednu manu s kojom ćete se teško izboriti: sećanja. Morate u startu da se pomirite s tim. Ali kada ga obrlatite, moći ćete lagano da umanjujete uticaj pokojnice, koja je uvek previše prisutna za vaš ukus. Ako je kojim slučajem vaš novi izabranik ponosno stavio urnu nasred kamina, i ako vam to smeta, bolje ga odmah napustite. Jer, kako ćete? Lako je pomeriti nameštaj, izvodljivo je i preurediti kuhinju, ali baciti luster ili persijski ćilim koji su zajedno kupili u Iranu prosto je nemoguće. Možete ga uvek staviti na oglas i jednog dana reći da je prodat po neverovatnoj ceni. Ali čak ni na aukciji preko *Ibeja*, po najnižoj mogućoj ceni, urnu ćete teško pomeriti s počasnog mesta. Mogu da zamislim tekst: „Na prodaju urna, malo korišćena, skoro nova – 1 evro, poštarina nije uključena u cenu – neoštećena, savremenog dizajna, uklapa se u sve stilove." A da je udaljite iz njegovog života, ili da je odnesete u podrum bez njegovog pristanka, prosto nije fer, a i teško da će se završiti povoljno po vas.

Pridobijanje udovca, u periodu kada se probude njegove psihološke i seksualne želje, zavisi od njegovih ličnih potreba, koje morate da prepoznate pre svih drugih. Moraćete da razaznate da li više voli da se zabavlja, ili mu treba dati vremena. Na vama je da bacite mrežu i izvučete je na površinu bez oštećenja.

Naravno, moje opaske odnose se na one koji su postali udovci u pedesetim ili ranim šezdesetim. Udovaca u sedamdesetim ili osamdesetim ima mnogo više, ali su nam manje interesantni. Govorimo o savršenom muškarcu za pedesetogodišnjakinje, sećate se.

„Dakle, gde da nađemo takve udovce?" Lorens mi je rekla da se učlanila u društvo koje pruža psihološku podršku ljudima koji su izgubili supružnike. Jednog dana saznala je za to udruženje i ponudila je svoju pomoć. Ona nije izgubila nikog bližnjeg, naravno, i nije želela da laže, pa je govorila o gubitku generalno, bez ikakvih detalja. Odmah na početku rekla je da ne želi da se guši u suzama, već da se nada da će što pre ponovo otkriti radost života i, što da ne, upoznati nekog novog partnera. Svi su se složili s njom i aplauzom pozdravili njenu hrabrost. Otišla je na nekoliko sastanaka pre nego što je spazila svežeg, finog i privlačnog udovca. Jednog dana, posle sastanka, pozvala ga je na piće. Sada su zajedno, srećni su i već imaju čopor dece.

Nekoliko nedelja nakon moje propale žurke s voćnim kolačićima i sama sam naletela na jednog divnog udovca. Dobra prošlost, uglađen izgled, neobičan posao, dvorac u Normandiji, uredan i dopadljiv u svakom smislu. Poštedeću vas biografskih detalja, koji ne bi stali u tvit, iako je njegov prestižni univerzitet vidljiv i u jednoj reči... Kako sam mogla da primetim, zavese na njegovim prozorima bile su blago razmaknute. Sve što je trebalo da uradim jeste da zažmurim na jedno oko, drugo širom otvorim, nađem prave reči, zategnem luk i pustim strelu.

Ali izgleda da on nije preuzimao inicijativu. Da li je uopšte bio zainteresovan? Da li me je to brinulo? Ja sam stidljiva princeza, starog kova, naučena da muškarac treba da napravi prvi korak. Tako ja nisam uradila ništa. Naravno, ova strategija ne pali uvek, hrabri uvek dođu do cilja na štetu onih koji su neodlučni. Naime, ni u pedesetim ne menjamo svoje gubitničke osobine. U svakom slučaju, radije bih umrla nego da ja napravim prvi korak. Radila sam kako sam smatrala da treba i strpljivo čekala.

Pozvao me je da zajedno s njim proslavim doček Nove godine. Kako sam ja jedna dobra, velikodušna i naivna duša, pozvala sam jednu od svojih lepuškastih usamljenih drugarica da nam se pridruži. „Pobogu, zašto?“, pitali su me svi kasnije. Iskreno, sad ne umem da odgovorim na to pitanje.

Tokom večeri sam primetila da ona izvodi nekoliko besprekornih poteza. Ništa nije ni rečeno niti urađeno slučajno. Njena predstava bila je umetničko delo u dva čina, savršenstvo zavođenja i gracioznosti. Ne bi je čovek mogao okriviti ni za šta, ali ja sam unapred mogla samo da grickam zid ispred nje. U svakom slučaju, to sam i rekla sebi narednog dana kada me je pozvala i zatražila njegov broj telefona, kako bi mu se zahvalila. I zamislite koliko sam se iznenadila kada mi je posle nekoliko nedelja stigla njena poruka, u kojoj me je pozvala da zajedno provedemo vikend u dvorcu, i toplo mi zahvalila što sam je upoznala s čovekom koji ju je usrećio i koji je sada deo njenog života.

I još su zajedno.

Ali stvarno, oteti nekome udovca...

Kakvu pouku treba da izvučem iz ove epizode? Da čekam ili da napadam? Do ovog dela priče i dalje nisam sigurna da li postoji pravi odgovor na to pitanje.

Čekaću i dalje, naravno.

Savršeni nema bradu

Postoji razlog zašto neki muškarci gaje dlake na licu. Svakako je ne puštaju samo da iritiraju obraze. Brade su više od modnog detalja, postale su edenska slika koja podseća na stado. Brade šalju poruku između muževnosti i naklonosti, ali dugo sam se pitala šta da mislim o tome. Mislim da sam čekala da budem sigurna u svoju procenu. Na kraju krajeva, mišljenja se menjaju, ponekad i radikalno. Bilo je perioda i kada su mi se dopadali plavi muškarci u cipelama s kićankama. Naše prošlosti su pune primera lošeg ukusa, što je samo prolazna faza u životu (muškarce da i ne spominjem).

Puštanje brade je moda koju prate trendseteri, modni dizajneri, umetnici, hipsteri, homoseksualci i majstori joge. Brade su uniforma onih koji umiru od dosade. Muškarcima nakon pedesete brada pristaje samo ukoliko nije bela ili siva, što je vrlo problematično u tim godinama. U suprotnom, to je apsurd. Isto važi i za farbanje. Ako to radite, momci, hodate po oštrici! A dok brada ne izraste na pristojnu dužinu, smešni pedesetogodišnjak pretvara se u neopranu pepeljaru. Da ne pominjem reakciju naše kože ako pepeljara pokuša nešto više od poljupca u obraz.

U naletu strasti imamo pametnija posla nego da se rukama štitimo od brade.

Dakle, PRESTANITE, dragi moji!

Mislite da izgledate dobro, ali brada vas samo čini starijim!

Dosta!

Prvo se lepo obrijte, pa onda dođite.

Poljubite nas.

I dosta više s tim.

Moj savršeni muškarac se redovno brije svako veče.

Da li je savršeni lošiji ulov od vas?

Rešite jednačinu pomoću godina, lepote, visine, pozicije u društvu, stanja na računu i moći ćete da uvidite ko će dominirati u vezi. Naravno, to je više pitanje statistike nego matematike. U suštini, mator, ružan i švorc muškarac obično ne podiže ni glas ni ruku, i nikad i neće. Ali šta će nam takav, osim ako nema neke izuzetne horizontalne veštine, potvrđene od strane prethodnih korisnica. Čak i u tom slučaju, veštine se s vremenom suše. Mlađi partner, uspešan na poslovnom planu, preuzeće kontrolu, osim ako se ne pojavi porodična anamneza u vidu obožavane ili omražene majke, što na kraju bude isto što i problem u braku. Slično tome, sa čizmom na drugoj nozi, da sam muško, bila bih veoma sumnjičava prema ženama koje obožavaju ili se gnušaju očeva.

Ako mislite da je bolje uloviti nekog sitnijeg od sebe, kako biste smanjili rizik da vas napusti, razmislite još jednom.

Životno iskustvo uči nas da takvi muškarci zapravo nisu n[illegible] sigurnija opcija. Zamislite dan kada i taj muškarac ustane i ode, iako vi mislite da je vaša dominacija u vezi apsolutna i on ne sme bez vas ni nos da pročačka. Tada vaš ponos duplo više pati: jer, ostavio vas je potpuni luzer. Dakle, uvek se setite ovog, pa makar i da se samo nasmejete, a kad to kažem, mislim i dalje na nekog mlađeg, višeg i sve ostalo. Prijatelji će vas zbog takvog poštovati, a i sledeći kandidati će biti istog kalibra.

Dugo sam lutala unaokolo tražeći savršenog, ali uzalud. Nije bilo svrhe, nijedan od slobodnih muškaraca na koje sam nailazila nije imao vrline koje obična žena, poput mene, traži: ljubaznost, poštovanje, lepe manire, samouverenost. Toliko pobačaja, promašaja, mrtvih tačaka, loših izbora, srećno oženjenih, premladih, podmuklih ili utučenih. Ali ozbiljni i stabilni, ti normalni muškarci? U stvarnom svetu od njih ništa, baš nikad, baš niko. Na kraju sam došla do zaključka: ako ne možemo da imamo bar dobrog, ne treba nam niko!

Nekoliko malih saveta

ajte oženjene

Naravno, uvek postoji mogućnost da pozajmite muža svoje drugarice, a da nemate u planu da joj ga vratite. Ali to je krađa i nije prihvatljivo. Izgubićete drugaricu, naravno, a gnev Olimpa će se već obrušiti na vas. Baš loša karma!

Mene lično nikada nisu privlačili oženjeni, osim onih koji su godinama rastavljeni i koji su se okrenuli svom poslu. Igra sa oženjenim donosi bol pre ili kasnije, što je baš ono što tu igru i čini zanimljivom; ali ona je i opasna i sa sobom nosi ogroman teret. U najgorem slučaju, duga ljubavna veza s oženjenim dovešće vas do toga da počnete da mrzite sebe. U najboljem, zabavićete se, ali ne zadugo. Muškarci su kukavice i uvek će pre čuvati svoj mir, tako što će se izboriti sa svojim osećanjima i rešiti problem (to jest, rešiće se vas). Strpljenje pobeđuje (ili gubi), a nestrpljenje gubi (ili dobija), a iskreno, ima i pametnijih stvari kojima se treba baviti. Ako pretpostavimo da osećaj krivice u velikoj meri može da naruši vaše zdravlje, onda je bolje da od toga bežimo.

Izbeći oženjene muškarce je lako, jednostavno ih ignorišite.

Moraju ostati zaštićeni neprobojnim štitom, dakle, svaki prodor je strogo zabranjen.

Pazite na priče koje oženjeni sipaju, a koje su uvek iste:

Više ne vodi ljubav sa svojom ženom. **Laž!**

Siguran je da ga žena vara. **Laž!**

Nije nijednom prevario ženu dok nije upoznao vas. **Laž!**

Više se i ne viđa sa svojom ženom. **Delimična laž!**

Planira da je napusti. **Laž!**

Ovoj listi možemo dodati i:

Često otkazuje u poslednji čas. **Istina!**

Razlozi su uvek drugačiji od onih koje vama iznosi. **Istina!**

Budite svesni rizika da će se veza s oženjenim prekinuti istog trena kada njegova žena sazna. Lopta će tada biti u vašoj mreži.

Jer kada se istina jednom otkrije, kada muž prizna prevaru, prioritet svake žene je da zadrži svog muža. I prioritet muža biće da zadrži svoju gospođu.

Jedna moja prijateljica, koja je podlegla iskušenju zavođenja oženjenog muškarca, suočila se s gnevom njegove žene, koja je želela da zna, i jednog dana je i saznala. Jedne večeri čekala je na ulazu ispred stana moje prijateljice s mačevima, noževima i kalašnjikovima u očima.

Kada se ljubavnica vratila kući, videla je tu ženu kako sedi na stepeništu sa izrazom koji je bio dovoljno oštar da ubije i nedužnog.

„Ali šta hoćeš? Šta ti tražiš ovde?“, promucala je moja glupa prijateljica.

„Ako još jednom priđeš mom mužu“, odgovorila je žena tonom koji nije iziskivao odgovor, „UBIĆU TE!“

Uprkos intenzitetu veze, ljubavnica je procenila da je cena previsoka. Veza je prekinuta istog trena.

Ne budite odbojni

Uz malo sreće, jednog ćete uspeti da ulovite u letu nakon rastanka. To je sve fino i lepo, ali dajte sebi malo vremena, da ne budete vi ona koja je povređena. Ona koja će platiti za prethodni neuspeh i doživeti sumnjivu sreću u vezi koja nema budućnosti. Nećete ni primetiti zid u koji ćete udariti velikom brzinom. A zid će se zasigurno isprečiti, pa ga bolje onda ostavite nekoj drugoj.

Pravila ove igre su biti na pravom mestu u pravo vreme, imati oštro oko snajperiste u toj igri strpljenja i biti uvek u punoj pripravnosti.

Klonite se gubitnika

Čuvajte se muškarca koji nikada nije bio u braku ili dugoj vezi. Muškarca koji nema dece, ili onog koji je već napustio nekoliko partnerki. Oni su dobro poznati, označeni i držite se dalje od njih. Možete ih pozdraviti, ali više od dve rečenice uz piće u njihovom društvu strogo je zabranjeno. Ukoliko posumnjate u bilo šta, dobro pretražite internet, istražite njihove profile, raspitajte se kod zajedničkih prijatelja koje pronađete na Fejsbuku (ukoliko ih nema, već to je dovoljno čudno), pozovite Detektivsku agenciju *Dilik*, ili još bolje, zamolite neku njegovu bivšu da baci koju kosku: muškarci se uvek upecaju na to. U našim godinama nema više vremena za traćenje na neke uvrnute momke, tim pre što je takvih svuda oko nas.

Dakle, treba se baciti na one kvalitetne. Oh, mislite da to i nije tako lako? Pa da, znam, drage moje, ali ja sam u dobu u kome se godine utrostručuju, pa mi savet uvek dobro dođe. Moje lomljivo, nestrpljivo, malo srce uvek unapred bude zahvalno.

Večiti neženja žali se na to da ne može da se zaljubi, ali isto tako može da prigovara i da previše brzo zavoli. A kada kaže da se nada da će jednog dana pronaći pravu ljubav, svi mu se podsmevaju. Do tada, izvinjava se svakom ko sluša njegove tužne priče iz prošlosti i tvrdnje da ne može da se izleči od njih. Uprkos upozorenju, neko će suzama platiti punu cenu.

Tu su i oni moderni primerci, kojih ovih dana ima napretek: narcisoidni perverznjaci. Jedna od prednosti zrelog doba je to što smo već imale prilike da se susretnemo s takvima, što smo već možda i upale u njihove zamke, osetile strah koji se ne zaboravlja i naučile da ih prepoznamo. Uvrnuta veza sa narcisoidnim muškarcem je poput virusa. Obolite jednom, ali onda steknete doživotni imunitet.

Pa zašto ih onda ima u tolikom broju? Je li to zbog ekspanzije manjka ega koji nam donose socijalne mreže? Ili zbog dominantnih majki, koje odgajaju male prinčeve i od njih prave kretene? Šta god da je razlog, molim vas da obratite pažnju na sve one koji iskrivljeno gledaju na svet, prekidaju vas u pola rečenice, dele komplimente drugim ženama u vašem prisustvu ili se previše osvrću na svoje bivše, koje su bile savršene... Bilo šta od pomenutog dovoljan je razlog da pobegnete što dalje od njih. Jer ako to ne učinite, narcisoidni perverznjak može postati opasan: beskrajna repriza, žrtvovanje, laži, neiskrenost, optužbe, iskorišćavanje... Njegove krivice nikad nema. S vremenom pregazi partnerovu ličnost. Kao manipulator, koristi privremene prijatelje i nikada se ne vezuje za ljude. Kao svaki predator, gleda samo svoje interese i hrani se tuđom patnjom. Narcisoidni perverznjak je vrsta virusa koju treba iskoreniti. Lako se može javiti, kako u muškom, tako i u ženskom obliku.

U današnje vreme, paradoksalna popularnost ove vrste ohrabruje sve žene da prihvate ovakvu vezu i vide sebe kao buduću bivšu. Po rečima moje prijateljice advokata, čija su specijalnost porodični odnosi, svaka druga žena koja uđe u njenu kancelariju donese i fotokopije stranica naučnih knjiga koje se bave ovom temom, besno ih baca na sto i na osnovu njih traži povećanje alimentacije.

Kakogod, trebalo bi se čuvati lude želje da imamo nekoga po svaku cenu, jer nas to može dovesti do toga da ovim šarmantnim muškarcima opraštamo i neoprostivo. Postanemo toliko uporne u tome da izgubimo i zdrav razum i zdravo rasuđivanje.

Sećam se jednog šarmantnog, čiji je profil ispunio sve moje kriterijume: slobodan, vlasnik firme, privlačan, mlađi od mene, ali ne mnogo, dete mu živi s majkom, dopada mi se... U svakom slučaju, rešila sam da pređem preko odsustva bilo kakve kulturne dimenzije i umetnosti i književnosti na staklenim nogama. Ali savršenog nigde nema, govorila sam sebi kao opravdanje za njegovo neznanje. Žarko želeći da to sve uspe, ubeđivala sam sebe da su, u takvim slučajevima, suprotnosti ključ uspeha, da sličnost donosi dosadu. Zahvaljujući tom blago idiotskom ubeđenju da se suprotnosti privlače, našla sam se u vezi s veoma čudnim muškarcem. Ponekad i preterano čudnim.

Jednog dana bili smo u automobilu, uputili smo se na neku večeru. Kako je on imao zabranu da vozi na godinu dana, vozila sam ja. Mrzim da vozim u dva slučaja: noću, jer ne vidim dobro, kao i s muškarcem koji sedi na suvozačevom mestu i stiska nogom zamišljenu kočnicu. To što je komentarisao moj način vožnje nije mi pomoglo da se opustim. Najpre saveti („Zašto ne pređeš u levu traku?“), a onda i ironični komentari („Imaš li ti stvarno dozvolu?“), naređenja („Uspori!“), sve do sve veće agresije i osuđujućih komandi. Zamislila sam ga kako povlači okidač dok me gleda kroz nišan. Postajao je sve glasniji, nervozniji, i sve reči mog zgodnog budućeg bivšeg počele su da zvuče kao uvrede. Shvatila sam tad da je lud. Ali jedan deo mene se opirao i nastavila sam da trpim. Dopustila sam još nekoliko ponižavajućih uvreda pre nego što sam odlučila da ga napustim.

Čuvajte se onih u dobroj formi

Takođe, trebalo bi se pričuvati i od onih muškaraca koji u pedesetim godinama imaju telo zgodno da umreš: pločice na stomaku, stražnjicu kao na grčkim skulpturama, čvrste mišiće, torzo koji bi bio pun pogodak neku deceniju ranije. Kakva trauma! Motivacija ovih telesno opsednutih fanatika nije briga o telu, već čisti narcizam. Ako zakopate malo dublje, videćete da se kljukaju semenjem, morskim algama i proteinima. A ukoliko pronađete i kutiju kreatina u fioci, još jednom, jedino rešenje je najkraći i najbrži put do vrata.

Uporno rade na svojoj formi, da, neumorna fiksacija, moć...

Posledice zaljubljenosti

Setite se kako je zaljubljenost nekada umela da utiče na naše ponašanje. Ponekad nas je terala da radimo svakojake gluposti. Koliko puta smo rizikovali u ime ljubavi? Danas ova predivna emocija mnogo manje utiče na nas nego u mladosti. Čvrsto stojimo na nogama, glava nam je na ramenima jer znamo da i najmanja sitnica može da nas surva u provaliju. Lakše se pada kada imate pedeset, a teško se ustaje. Kolateralna šteta i prateći efekti su mnogobrojni, pogotovu na početku i na kraju veze. Ono što ne valja je neredovna ishrana, gubitak koncentracije, vrtoglavica, nekontrolisana nervoza i vetrenjača koja se neprestano vrti u glavi. Ono što je dobro je gubitak kilograma, slatki snovi, jačanje libida, prijatna groznica, osećaj plutanja i opet ona vetrenjača koja se neprestano vrti u glavi… Pustimo kočnicu i opustimo se, ali ne znamo da li se penjemo ili idemo nizbrdo.

U osnovi, ipak, ideja o ljubavi i zaljubljenosti nema nikakve veze sa onim što žene u pedesetim traže. Drugim rečima, to je ljubavni odnos koji se bazira samo na zajedničkim osećanjima i kvalitetno provedenom vremenu. Jedan dobar savet, koji nije uvek lako poslušati, jeste da ne zavolite nekoga ko ne voli vas. Jer ako vas ne voli, nije vredan vaše ljubavi!

Jedna moja prijateljica bila je ludo zaljubljena u čoveka koji je prestao da je voli. Jednog dana mi je poverila da joj je rekao:

„Dosta mi je tvoje ljubavi." Ponekad se pitam kako neko može da preboli tako nešto.

Ali ako je sve obostrano – ljubav, shvatanje ljubavi, posledice ljubavi i razumevanje koje ona donosi – onda se držimo nje.

Zatvorenih očiju. Otvorenih očiju. Uživajmo u uzbuđenjima.

Prepuštamo se ovoj sjajnoj mešavini tri stadijuma ljubavi a da nismo ni svesni toga: dodir Erosa, nekoliko kapi Filije i veliko parče Agape.

Pa, da li bi trebalo da se plašimo ljubavi? Da, pomalo, ali treba je tražiti, ali paziti da u njoj ne ostanemo bez srca.

A da je možda i pronađemo?

Da! Ali kada?

Vreme tako neumoljivo teče!

Ne budite previše izbirljive

„Dosta mi je", požalila se Eliza, „nikako da nađem nekoga!"

„Ali, da li tražiš na pravom mestu? Gledaš li u pravog?", pitala sam je.

Eliza je veoma lepa pedesetogodišnjakinja. Kao bivši model, malo je razmažena, naviknuta na stalnu pažnju, ali ima dobro oko za izgled i stil. Pala je u depresiju jer nije mogla da pronađe muškarca s kojim bi podelila život. Najpre sam se trudila da razumem. Toliko je draga i slatka da se nisam brinula za nju, taman da je na svetu ostao i samo jedan muškarac, bio bi njen. Ali nedavno mi je ispričala o svojoj neuspeloj romansi, što me je navelo na razmišljanje.

„Konačno sam upoznala nekoga ko mi se dopao. Četrdeset četiri godine, uopšte ne izgleda loše, šarmantan, zanimljiv. Pričao mi je o svom razvodu, deci, kolekciji starih knjiga, bašti u kojoj gaji organsko povrće, jedriličarskom klubu (da, bavi se jedrenjem), svom iskustvu volontiranja u izbegličkom kampu, najnovijoj aplikaciji koju je osmislio i koju *Gugl* želi da otkupi od njega… Jednog dana predložio mi je da odemo nekud za vikend. I ja sam pristala. Odveo me je u svoju staru kuću na ostrvu Oleron."

„Zvuči kao supermomak. Pa šta se desilo?"

„Kada je palo veče, spremali smo se da pođemo na večeru zajedno s nekim njegovim prijateljima, a on se pojavio, verovala ili ne, u cipelama *Geoks* i majici kratkih rukava!"

„Da, pa, šta je tu toliko loše. To je samo detalj."

„Detalj? Zezaš me? To je važan detalj! Naravno, objasnila sam mu da ne može to da upari. A on mi je rekao: *Mojim prijateljima to ne smeta*. Odgovorila sam mu: *Možda ne smeta tvojim prijateljima, ali smeta meni.* I znate šta? Rekao mi je da sam previše zahtevna! Muškarcima, kojima samo želiš da pomogneš da postanu bolji, to jednostavno smeta. Pa znate šta? Mogu slobodno da zadrže svoju rasparene majice i cipele!

Čini mi se da Eliza pati od sindroma perfekcije, koji zasigurno vodi u propast. Naći nekoga ko bi njoj odgovarao iziskuje mnogo truda i teškoća, ali bi bilo lepo. Strah od neuspeha udaljava je od sudbine. Kod ljudi vidi samo ono što nije dobro i što ona ne može da prihvati. Samim tim, nijedna veza joj ne uspeva.

Ne postoji čovek dovoljno elegantan za Elizin ukus. I pre nego što ih upozna, ona već zna da nemaju ukusa.

Trebalo bi joj preporučiti nekog terapeuta.

Ah, zaboravila sam, pa ona je terapeut!

Ne povlačite potez pre nego što budete spremne

Pre dve hiljade godina Mari Anž i ja bile smo u istom odeljenju B/6. Život nas je razdvojio: udaja, onda dvoje dece, koja su odrasla i otišla svojim putem. Jednog dana, mnogo godina kasnije, ponovo sam je srela: plava, preplanula i sveže razvedena od svog nevernog muža, koji je digao sidro i napustio je posle trideset tri godine zajedničkog života.

Kako se oporavila od tog iznenadnog udarca? Neki kažu da je za ozdravljenje potrebno duplo više godina od onih koje provedete s nekim. Znači, trebalo bi da se Mari oporavi za šezdeset i šest godina. Ali to bi bilo prekasno, već bi odavno bila mrkla noć. Posavetovala sam je da što pre pronađe nekog za sebe. U osnovi se složila sa mnom, ali tada joj je najpre trebalo da pronađe svoj izgubljeni identitet. Nikada nije radila, bila je potpuno posvećena porodici i negde usput je zaboravila na sebe. Pošto je sve to palo u vodu, nije znala ni odakle da krene. A ipak, rekla je da je spremna za novu vezu. Ponudila sam joj da joj pomognem da napravi svoj profil i prijavi se na sajt koji su mi prijateljice preporučile zbog kvalitetnih članova.

Nedugo zatim, Mari Anž se preporodila: novi izgled, nova frizura, novi život. Preselila se u grad, u stan s panoramskim pogledom s terase.

„Radim nešto što nikada pre nisam radila“, rekla mi je. „Zaposlila sam se. Prodajem kolače, sladoled, čokolade. Družim se s ljudima. Imam društveni život. Više se ne stidim da sama odem u neki bar ili restoran. Uveče čitam, uglavnom literaturu koja osnažuje ličnost, ili gledam serije. Otkrivam pravu sebe.“

„Odlično! A šta je sa sajtom za upoznavanje, ima li šta novo?“

„Apsolutno ništa. Svi su katastrofa. Većina onih koje upoznam imaju samo jedno u glavi: ako ne traže seks na brzaka, traže krov nad glavom. Većina ih je razvedena, a kuće su ostavili ženama, pa bi sad da se pomere sa svojih neudobnih kauča. Već ih vidim kako se useljavaju. Odmah kažu: *Imaš lep stančić.* Mogu da se kladim da su im koferi već spakovani.“

Nije mogla da podnese pomisao da je neko ponovo iskoristi i ukrade joj dragoceno vreme. Nakon traume koju je preživela kad ju je muž napustio, trebalo je da Mari Anž izgradi sebe kako bi ponovo mogla da veruje nekom drugom. Za to je potrebno vreme, ali sigurna sam da će jednom, kada se izbori sa svojim besom i zaboravi na razvod, pronaći nekog odgovarajućeg. Ona to još ne zna, ali to će biti onaj pravi.

U zemlji terapeuta i proroka

Kada se sve ljulja, na koga se možete osloniti? Pored mačke i prijatelja, postoji čitav niz opcija različitog stepena pouzdanosti i efikasnosti.

Kako neupadljivo naći terapeuta

Dok sam bila u ratu sa sobom, tada sam neumorno tražila muškarca. Konstantno sam bila neuravnotežena, za sve sam krivila sebe, nisam imala vere ni u šta, od mene nije bilo nikakve koristi, gubila sam tlo pod nogama. Posmatrala sam druge ljude. Zašto sam ja stigla do kraja puta? Ako moji prijatelji i savetnici ne mogu da pronađu prave reči, ko može?

Tada sam pomislila na ono na šta većina nas pomisli u nekom trenutku, kao što kažu: „Šta misliš o tome da potražiš profesionalnu pomoć? Da posetiš nekoga ko će ti razbistriti pogled. Na kraju krajeva, to nije nikakva sramota." Ali koga? Nisam mogla da pitam svoje prijatelje: „Da li znate nekog dobrog psihijatra?"

„Zašto, imaš neki problem?"

Nema šanse! Rešila sam taj problem na diskretniji način: pomoću interneta. Pronašla sam čak nekoliko psihijatara u komšiluku. Najbliži je bio udaljen 267 metara. Umesto da odaberem nekoga na osnovu tipa, škole ili stila, odlučila sam da se oslonim na logiku, što je bilo ravno matematici u tomboli.

„Kako ste došli do mene?", pitala me je dr X tokom prvog susreta.

„Preko imenika."

To nije dobar početak. Osetila sam da ju je iznervirala takva preporuka.

Za dve seanse nedeljno, moji mesečni izdaci za terapije, koje, inače, ne garantuju uspeh, snizili su mi životni standard za dve lestvice. Apsurdno je trošiti toliki novac za plakanje pred potpunim strancem, zar ne? Ali opet, zar nije bolje platiti nekoga ko će odslušati sve vaše muke nego da time gnjavite svoje prijatelje? Umela je da se nasmeje na moje šale. Ponekad se i smejala naglas kada sam se trudila da na komičan način prepričam neke situacije, čak je tražila i još. U nekim trenucima sam se pitala ko tu koga treba da plati. Jednom sam čak uspela da je i nasmejem i rasplačem tokom seanse. Prvi deo seanse sastojao se od vežbi koje je koristila u svojoj terapiji. To je onaj tip vežbi koje specijalisti kognitivne bihevioralne terapije daju pacijentima, poput nabrajanja svojih vrlina, traženja da prijatelji urade to isto, prepričavanja lepih trenutaka koje smo doživeli prethodne nedelje, opisivanja loših emocija, dopunjavanja naglas i tako dalje. Tog dana, kako bi ojačala moje samopouzdanje, moja terapeutkinja me je učila da kažem NE.

TERAPEUTKINJA: Hajde, postavi mi pitanje, pokazaću ti kako da ostaneš jaka.

JA: Dobro. Preskupi ste i ne želim više da plaćam vaše abnormalno skupe seanse, koje moje zdravstveno osiguranje ne pokriva. To je besmisleno, a i ne mogu to sebi da priuštim. Tražim od vas popust jer mi visina svote koju dajem za ove seanse prouzrokuje veliki stres. Cena je toliko visoka da seanse nemaju efekta.

TERAPEUTKINJA: Ne, to nije moguće. Cena je ista kao i za sve druge. Imam i ja troškove, rentu, porez…

JA: Molim? Kakav porez? Insistirate da naplata bude u kešu, nema ni traga koliko zaradite. Ako već tajite porez, predlažem da podelimo zaradu koju ostvarujete od zakidanja državnoj kasi.

Nasmejala se, ali nije popustila. (Naravno, mogla sam da iskoristim ovu knjigu kao prednost i ucenim je. Garancija moje diskrecije u zamenu za doživotne besplatne seanse. Ali nemam ja živaca za to...)

Seansa se nastavila u mnogo ozbiljnijem svetlu. Prešle smo na drugu vežbu. Počela sam da čitam moj opis sebe, koji sam prethodnog dana zapisala na nekoj koverti. Moj zadatak je bio da naslikam svoj profil kroz odgovor na pitanje ko sam ja. Pisala sam o svom detinjstvu, mucanju u pubertetu i kako su se ljudi tome smejali, okrutnom slamanju srca, rasturenoj porodici. Zatim smo se fokusirale na emocije, kako sam odrasla, sa puno detalja o mom ocu, koji je bio u centru svih dešavanja koje sam pomenula. Teksta je nestalo kada je rukopis postao nečitak i izmešao se sa suzama, što je dovelo do toga da pukne i vrh olovke. Kada sam završila s čitanjem, podigla sam pogled. Moja terapeutkinja je šmrcala. Uzela je maramicu i obrisala suze.

„Rasplakala si me“, rekla je izvinjavajući se. „Dosta je za danas.“

Njene suze su me u trenutku šokirale jer sam pretpostavljala da se naslušala mnogih teških priča. Nekog kao što je moj otac ne bih poželela nikome, ali on svakako nije bio tiranin. Nikada me nije vređao niti me je zatvarao na tavan ili u ormar. Moj zaključak je da je ona samo jedna veoma emotivna duša. Ali pošto se terapeuti predstavljaju kao eksperti koji imaju rešenja za sve naše dijagnoze, onda mi od njih očekujemo da hladnokrvno pronađu rešenja za sve naše probleme.

S njima delimo naše najdublje tajne i nade i očekujemo brz oporavak, ili da makar malo bolje upoznamo sebe. Pošto je pokazala svoju slabost, ispostavilo se da je i moja terapeutkinja ljudsko biće, ali njena emocija našla se na mom ličnom polju. I to mi je bilo čudno. Da li takva stvarno može da mi pruži ono što sam očekivala od nje? Jer sve što mi je trebalo bio je novi muškarac u mom životu.

Kako se rešiti neželjenog terapeuta

Zbog njihove kontrole naših emocija i finansijske podrške, oni zapravo nikako ne žele da čuju od nas da smo bolje i da je kraj. Među nama, a ko bi? Međutim, dok nas uče kako da kažemo *ne*, doći će i taj dan kada ćemo upoznati nekog i reći im da nam terapije više nisu potrebne. Na kraju krajeva, zar nije to poenta. „Ma ne, nema to nikakve veze“, rekla mi je. Je li to neka šala? Kako nema!

U zavisnosti od toga koliko smo jaki da im se suprotstavimo, hrabro ćemo nastaviti ili ćemo jednostavno prestati da dolazimo. Jedini valjan način, kao i kod loših veza, jeste da se to prekine po kratkom postupku, uz čist račun i dugu ljubav: „Čekajte malo! Kažem vam da više neću dolaziti!“

Jer vidite, kada želite da prekinete sa psihoterapijom, neodlučnost nije poželjna. Teško je pogledati u oči onoga koji vas je kupio ponudivši vam kutiju papirnih maramica. Onoga koji je trezveno pratio vaš oporavak, držao vas na distanci kada ste sanjali da spavate s njim (ako je u pitanju on) ili kada ste postajale drugarice (ako je u pitanju ona).

Ali jednog dana, uzmite stvar u svoje ruke i budete direktni. „Završavam... Da, rešila sam da prekinem!" Ne samo da terapeut tad ostane ukopan u mestu već ste prinuđeni da mu ponovite: „Da, završavam... Prekidamo, shvatila sam da mi ovo više nije potrebno. Razbistrilo mi se u glavi, tako da mogu da nastavim dalje i bez seansi." U tom trenutku nastaje tišina teška tonu. Brinete da odgovor ne bude agresivan. „Nadam se da se šalite." Nekoliko sekundi borite se za dah, žalite za tim što niste izabrali lakši način, što niste jednostavno poslali poruku da imate finansijskih poteškoća, ili niste smislili da to izvedete malo ljigavo: „Moraću da vas pozovem i potvrdim termin", što naravno nikada ne učinite. Ali stati uspravno ispred psihijatra, gledati ga u oči i reći mu: „Ovo je naša poslednja seansa" – to zahteva hrabrost koja zavređuje svako poštovanje. Budite spremni na uobičajeni odgovor: „U redu, pričaćemo o tome naredne nedelje." (Po istinitom događaju!)

Jednom sam na nekoj večeri upoznala jednog režisera, čije ime neću pominjati, koji mi je priznao da dvadeset pet godina posećuje psihoterapeuta. „Prve dve godine bile su fantastične, a narednih dvadeset tri pokušavao sam da mu otkažem." Posle tog priznanja, istog trenutka je zaspao, sedeći za stolom, sa sve bradom na grudima i gostima koji su nastavili razgovor kao da se ništa nije dogodilo. Nakon deset minuta, počeo je da hrče. Znam da to ne ide jedno s drugim, ali ne mogu a da ne pomislim da je njegov terapeut bio loš i da je loša terapija imala za posledicu toliku njegovu opuštenost.

U mom slučaju, čim sam se pribrala i povratila ravnotežu, saopštila sam da prekidamo sa seansama. Iznenadila sam svoju terapeutkinju, koja nije bila glupa, ali je svakako uzvratila očekivano. „Ne!“, rekla mi je. „Ne možete tek tako prestati preko noći. S ovom terapijom se nikako ne treba šaliti!“ I bila je u pravu. Sto evra dva puta nedeljno, za četrdeset minuta seanse – slažem se, nije šala. Pre svega, shvatila sam da postajem opsednuta idejom da treba nekako da je usrećim. Davala sam sve od sebe da joj skrenem pažnju, da je zainteresujem i nasmejem. Svaki put sam iz njene ordinacije izlazila iscrpljena od verbalne dijareje. Naravno, još kada mi je rekla da će nam trebati bar tri seanse nedeljno kako bismo moju neurozu držali pod kontrolom, pomislila sam da ne bi bilo loše da sačuvam malo energije za sebe. Nije bilo nimalo lako, ali uspela sam da se izborim. Bilo kako bilo, naučila me je nekim trikovima kojih se i dan-danas držim.

Treba li posetiti proroka?

U septembru, baš kada je napunila trideset osam godina, ostala sama i loše prošla u lovu na mušku divljač, moja rođaka Karolina posetila je proročicu, koja joj je rekla da će do kraja godine sresti svoju srodnu dušu, da će se udati i ubrzo nakon toga dobiti decu. Možete li da verujete? Nije oklevala da tu sjajnu vest podeli s drugaricama – grupom pametnica samica bez dece, iz Trokadera. Neke od njih su u neverici iskolačile oči, a neke su posumnjale da proroci svim devojkama pričaju istu priču.

Naravno, kada je Karolina objavila da se udaje za zgodnog mladog diplomca s prestižnog univerziteta, na čiju nogu se spotakla i pala ispred njega, telefon proročice se usijao. Termine je počela da zakazuje na svakih nekoliko sati. Prijateljice moje rođake, jedna za drugom, odlazile su kod nje s listom pitanja, koja nisu imala nikakve veze s investicijama na tržištu. Ubeđene da je proročica imala moć da pomera planete, sve do jedne su želele da saznaju kada će konačno sresti svog zgodnog, bogatog, slobodnog, šarmantnog i dugoočekivanog princa.

Njeno tajno ime i broj brzo su se razmenjivali. I pogodite ko je uspeo da ih razotkrije.

Kada uđete u kuću proročice iz Bulonja, u njoj je sve crveno i plišano, baš kao na filmovima, sa sve slonovim kljovama i afričkim maskama. Sve bi to moglo da vam utera strah u kosti da vas ona, a obično to bude starica od šezdesetak godina, ne poljubi u obraz i pita: „Želiš li nešto da popiješ, ljubavi?“, kako bi vas opustila. Rekla mi je da je jednog dana neki uštogljeni bankarski tip zadrhtao u njenom zagrljaju. „Ali mi se ne poznajemo“, rekla mu je. „Nisam ja vaša ljubav da me tako ljubite.“ Nasmejala sam se, jer i ja bih možda, da nisam tako stidljiva, rekla to isto – na papiru sam jaka i odvažna, ali kada se nađem s nekim lice u lice, nisam baš toliko hrabra. Proročica bi mi pokazala vrata i viknula: „Napolje!“, dovoljno brutalno da svaki argument bude suvišan. Dakle, sa dozom nervoze i uz poluopušten osmeh, raširila sam karte na sto, kao što je tražila.

Najpre je videla neku žensku osobu blisku meni. „Opasna plavuša“, dodala je. „O, prava nevaljalica. Živi u prizemlju. Je li to neka vratarka?“ Onda je bacila kartu preko moje i povikala: „J--š nju!“

Sedela sam skamenjena, nisam se pomerala, nisam progovarala. Mislim da sam prepoznala plavušu iz prizemlja, kurtizanu koja se predstavljala kao biznismenka, a bila je majstor da sve okrene u svoju korist. Mnogo žrtvi je prošlo kroz njene ruke. Jedna od njih me je i upozorila pre nego što sam krenula u biznis s njom.

„Hajde, stavi četiri karte na ove četiri. Pa, ovo je veoma dobro. Putuješ, pišeš, a i knjiga će ti biti izdata!“

U to vreme nisam ni planirala da napišem knjigu, niti sam uopšte razmišljala o izdavaštvu. Došlo mi je da poskočim od iznenađenja. MOLIM? Napisaću knjigu i ta knjiga će biti izdata? Ali kada? I o čemu? Međutim, samo sam pitala:

„A hoću li upoznati nekoga?"

„Stavi jednu ovde, ovde i ovde. Hmm, ne vidim te samu, ne, nećeš biti sama. On nije daleko. Biće mnogo ljubavi među vama, mnogo nežnosti, vidim vam zajednički život."

„Kada?"

„Sada me slušajte i ne zapitkujte, ovo nije egzaktna nauka!"

Onda je sa moje budućnosti prešla na svoju prošlost. Ugušila me je pričom i distancirala se od teme, pa se ponovo vratila na moj ljubavni život i zakačila za nekog bivšeg ljubavnika (Ja: „Ne! Šta s njim... Vau!"). Ali više je nisam slušala, nisam želela još detalja, već mi je rekla ono što sam želela da čujem.

Na kraju sam ustala.

„Koliko sam dužna?"

„Koliko daš."

Setila sam se svoje rođake, koja nije mogla dovoljno da plati predskazanje svog braka i sreće. Nisam bila škrtica... Da je tražila onoliko koliko sam joj dala, cena bi bila previsoka, ali s obzirom na dobre vesti, činilo mi se da je cena krajnje povoljna.

Dakle, da li bi trebalo da posetite proroka? Ne znam. A da li bi trebalo da posetite baš ovog? Obavezno! Nakon toga sam se osećala kao da sam bila na masaži u Ricu. Bila sam toliko srećna kada sam izašla iz njene kuće da sam mogla da zaigram na ulici. Onda sam zbunjeno zastala. OK, upoznaću nekoga. Ali kada? I gde? I koga?

Kako u pedesetoj pronaći muškarca (pedesetogodišnjaka)

Na sajtu za upoznavanje

O, duše iz lampe, neka globalna kompjuterska mreža izbriše istoriju mojih onlajn-veza!

Nema nikog na horizontu, a onih nekoliko, koje stvarno upoznate, nikad ne odgovaraju. Gde se kriju svi ti pravi? Pretražili ste sve poznate krugove, ali i dalje ste ostali praznih šaka.

Dakle, u potpunoj tajnosti, nestajete.

Kada vam prijatelji predlože sajtove za upoznavanje, odgovarate glasno i jasno: „O, ne, nema šanse, nije to za mene“, a godinu dana ranije to stvarno ne bi došlo u obzir. Tada ste imali potrebu da ismevate sve koji krenu tim putem. Tada ste mislili da nema romantike i magije u tome da svog muškarca pronađete na internetu.

A onda se konačno, uz prigušeno svetlo ekrana, na insistiranje prijatelja koji su se umorili od slušanja vaše tužne priče i organizovanja proslava uz neparan broj gostiju, odvažite da se registrujete na ekskluzivni sajt za diskriminaciju samaca. „Obećaj da ćeš baciti pasulj", insistira prijatelj. Ljudi koji spokojno sede jedva čekaju malo uzbuđenja. „Obećavam", odgovorite, rešeni da ne produbljujete priču.

Prećutno priznajete strah da ćete tamo naleteti na nekog poznatog, na primer, na lokalnog neženju ili na komšiju iz susednog stana, koji anonimno love svoj plen na internetu. Ali nije ništa strašno ako naletite na bivšeg momka svoje prijateljice. Bolje je da ne zna, pa ne morate ni da ga razotkrijete drugarici koja ne prestaje da se pita zašto joj je slomio srce.

Pošto izaberete starosnu dob, nivo obrazovanja, kandidat se pojavi na ekranu. Baš kao i vi, i on se potrudio da smisli nekoliko lepih reči kako bi sebe predstavio u najboljem svetlu. Da biste bili sigurni da vas pretraživač registruje na mreži, oboje pomalo slažete. On za visinu, vi za godine, i mislite da ćete jednim klikom lako sve to izbrisati ukoliko veza krene u dobrom pravcu. Stavili ste pod mikroskop njegov kulturni koeficijent proučavajući filmove, knjige i umetnike koje voli. Prijatno ste se iznenadili kada ste shvatili da ste istog nivoa obrazovanja i delite strast prema planinarenju i ostalim svojim nebitnim interesovanjima koje smatrate bitnim.

Da biste prešli na usmeno, iskustvo nam govori da morate voditi računa o pismenom izražavanju. Što bi političari rekli, kažite pravu stvar. Prija kada neko pošalje lajk i srculence, ali budite oprezni.

Za jednu mladu pedesetogodišnjakinju, seks je uzbuđujuće i nepredvidivo iskustvo, koje vas uvek ostavlja na ivici. Biti ili ne biti, pitanje je sad. Bez da odigrate makar jednu epizodu, nemoguće je znati da li će to biti propast ili dobitna kombinacija. Na samom početku vaš partner će pokušati da demonstrira sve svoje sposobnosti kako bi se pokazao u najboljem svetlu, ali bilo dobro ili ne, prvi utisak je najvažniji.

Nedostatak virtuelnog kontakta je to što ne otkriva seksualnu privlačnost, naročito ne prema fotografiji snimljenoj u sumrak, na osnovu koje bi trebalo odlučiti da li da s tim kandidatom kontaktirate naredne nedelje. Govor tela, koji je veoma bitan kada nas neko privlači, ne vredi ništa kada nekoga birate na osnovu vizuelnih ili pisanih kriterijumima. Teško je probuditi želju kada čitate nečiji profil. Trebaće vam hrabrosti i prakse, a naročito opreza, a sve to umanjuje draž. Treba se i koncentrisati da biste bili što efikasniji i da ne biste dozvolili sebi da vas posle odbiju mali detalji koje otkrijete: njegova koža, disanje, zvuci koje ispušta. Napravite ograničenja i zadovoljite se rezultatima. Koncentrišite se na suštinu.

Nikada nisam bila u vezi s muškarcem kog sam upoznala na sajtu, ali popila sam bezbroj čaša pića s takozvanim potencijalnim. Ti muškarci imali su jasan cilj, do kojeg su hteli da stignu na brzinu, a kako ja volim da sve ide polako, nikako nismo mogli da se složimo.

Sajt za upoznavanje, s toliko pomalo izgubljenih ljudi koji traže zadovoljstvo, zapravo je mesto puno samoće, nezadovoljstva, razočaranja i prevare. Lutate po njemu, sa čašom u ruci, baš kao na nekoj zabavi, pozdravite ponekog ili mu poželite dobro veče, a kada provedete neko vreme u dopisivanju s nekim, ne možete a da ne pomislite da biste možda mogli da pronađete nekog boljeg ako se još malo pomučite i ostanete još malo na mreži. Sve to vreme i druga strana misli isto. Posete sajtu su proces koji se bazira na nezadovoljstvu, nagradi, kazni i zavisnosti, sve je to pomalo nalik kockanju. Postane normalno da budete odbijeni. Boli, ali ste se već navikli. Otkrivate šta je najmanje prihvatljivo za vas. Ukratko, nije to za svakoga.

Kada se prepusti tim predatorima, usamljena mlada pedesetogodišnjakinja najpre će morati da se izbori sa pravilima ljubavi 3.0, koja donose osećaj: prolaznosti, intenziteta i lake rastvorljivosti. Nijedna nije baš spremna za to, ali se brzo naviknemo. Ako pametno koristi ta pravila, moći će i da se zabavi, možda čak i da nađe dobrog muškarca.

P. S. Za neke od mojih prijateljica, koje će se prepoznati: ne pokušavajte da slažete da ste ga upoznali na nekoj večeri koju su priredili neki nepoznati ljudi, na nekoj privatnoj zabavi ili kada vam se auto pokvario nasred auto-puta.

Mene nećete prevariti.

Ne brinite, neću nikome reći, obećavam, i praviću se da sam poverovala u vašu priču.

Tridesetogodišnjakinji priliči da svoju srodnu dušu potraži na internetu, pa čak i da se nasmeje kada gradonačelnik to pomene u svom govoru na nekoj ceremoniji. Ali nas sa pedeset i nešto, patrijarhalno vaspitane, odrasle uz romantične romane i pomalo stidljive, plaše ta munjevita brzina i mnogobrojni rezultati ovakvog pristupa. Za nas sporost i dalje ima svoju draž.

A kada odustanete...

Kako u mom životu nije postojao muškarac, nije bilo ničeg i nikog pored mene, a jedini muškarac koji mi se dopadao, nije me želeo, nažalost – što je mnogo, mnogo je. Dakle, svečano sam odlučila da budem sama. Nisam želela da se prodam jeftino samo da bih bila s nekim. Predskazanje proročice dalo mi je malo nade, naravno, ali iskreno, posle nekoliko meseci lutanja, samoće i apstinencije, shvatila sam da je sve to bila glupost. Pitala sam se da li sam prestarila da bih upoznala bilo koga. Da li ću ikada više doživeti da vodim ljubav? U svakom slučaju, prihvatila sam ideju da bi trebalo da odustanem. Prihvatila sam svoju samoću, potpisala ugovor sa sobom i odlučila da naučim da živim s tim.

Ili bez toga, ako pogledamo iz drugog ugla. Kakogod, primetila sam da je danas trend da žene uživaju u samoći, bez partnera, u slobodi, da čak nisu ni zainteresovane da potraže nekog. Iskreno cene svoju samoću, nezavisnost, emotivni i seksualni mir. Te žene ne razmišljaju da menjaju svoj način života. Ne čekaju da im muškarac ispuni želju da se udome, zadovoljne su sobom. Ne planiraju da s nekim dele svoju egzistenciju, niti račun za stanarinu. Pa, kada kažem da sve tražimo ljubav, možda jeste tako. Ali da li sve tražimo ljubav muškarca? Naravno da ne!

Kakogod, i ja sam donela odluku, biću poput ovih žena... u trendu.

I naravno, to je bio momenat kada sam odustala od ideje da na mom nebu ređam zvezde u paru, dve po dve.

Međutim, evo njih.

Pojavile su se same od sebe.

Tokom godina, viđala sam se s lošim muškarcem, ali ne prečesto, jer je njegova lepota vidljiva nadaleko. Imali smo određeni sporazum i nakon četiri godine, moglo bi se reći da smo postali i prijatelji. Pretvarala sam se da mi ne smetaju naše mirne noći i nikada nismo pričali o tome. A onda, sasvim slučajno, čula sam priču o njegovoj vezi s nekom devojkom s juga. Nisam znala detalje, ali savet jedne moje prijateljice glasio je: „Nagazi ih!“

„Ne, nikako." Nisam želela da stanem između njega i neke tamo tridesetogodišnjakinje. Nije pričao o svojim emotivnim mukama, mada sam primetila da mi je postao prisniji.

Pretvarala sam se da ništa ne znam.

Nije me interesovalo.

Tako da, kada je pokušao da me poljubi posle večere, okrenula sam glavu, ustala i rekla mu: „Ne, nemoj da kvarimo. Hajde da ostanemo prijatelji."

Nedelju dana kasnije, ponovo smo se videli i jasno mi je rekao da je siguran da želi da bude sa mnom. Pobeđena svojim ponosom, ponovo sam ga odbila. Ne, stvarno, majke mi! Onda je on upalio šibicu, približio se i poljubio me. Pukla sam, pretvorila se u sveću, izgorela, istopila se, iscurila, potekla. Preplavio me je jak osećaj straha, pomešanog sa željom. Ako mu se prepustim, taj čovek će me uništiti. Srce je pretilo da eksplodira u grudima, ali upalio se alarm petnaestogodišnje samoće:

NE, NE, NE!

„U redu", konačno sam mu odgovorila i istog trena zažalila, jer već sutradan je trebalo da odletim u SAD, gde sam planirala da ostanem mesec dana. Pridružio mi se nedelju dana kasnije. Naša veza počela je tačno kada smo se sreli na aveniji u Ist Vilidžu.

„Ali zašto ranije nisi napravio ovaj korak? Kada sam bila četiri godine mlađa!"

Odgovorio je nešto kao: „Nisam tad znao, nisam bio spreman…“ I dosta dugo sam verovala u to. Tek kasnije, kada sam ga upoznala, sve mi je bilo jasno. Ali to je druga priča.

Sećam se da sam pričala mojoj drugarici Kristin da sam se baš zaljubila i da je ta ljubav obostrana. Ručale smo u *Kolonijalu*, restoranu u 57. ulici u Njujorku. Pozvala je konobara, naručila šampanjac i nazdravila dobrim vestima: „Za kraj lova!“

Da li su planete morale stajati u paru, sa savršenom inkarnacijom svega što sam volela u prošlosti, i to u životnom dobu kada kažu da je najteže pronaći srodnu dušu?

Nakon petnaest godina samoće, godina loših iskustava i odustajanja, sva srećna, otvorila sam srce čoveku čija bivša je uspela da probije njegov novi oklop.

Konačno sam ga pronašla.

Svog visokog, ćelavog i savršenog muškarca. Tako slatkog i nežnog da sam mu nadenula nadimak Slatkiš!

Onaj o kome je proročica pričala.

Više nisam bila sama, bili smo u paru! O, da! Trebalo je da se opet naviknem na zamenicu *mi*. Ne, ne možemo u nedelju, idemo na izlet u prirodu. Ovog leta idemo u Kadakes.

Trebalo je dodati nove reči u moj svakodnevni vokabular: ljubavi moja, srce moje. Nove navike: „Da li bi voleo da…?“ Da, volela bih, pristajem na SVE. Bila sam u oblacima. Imala sam zacrtan, neizbrisiv osmeh. Mora da sam izgledala čudno.

Mlada pedesetogodišnjakinja u vezi

Što više starim, to više mislim da čovek može da živi samo s nekim ko ga ne sputava, ko ga voli tako da ga ne opterećuje, a da ipak oseća ljubav. Teško je živeti, a još teže je kada nas pritiskaju i oni koje volimo.

Pismo Albera Kamija Reneu Šaru

Kada ljubav zove...

Neočekivana ljubav nas dezorijentiše, destabiliše, izluđuje. Hodamo po tankoj žici, uprkos riziku da se sunovratimo. Balansiramo samo rukama. Ali nedovoljno.

Nismo budale, unapred znamo da neće biti lako i dobro nam je poznata ta priča, ali radujemo se što nam je pružena još jedna šansa da se prepustimo ubeđenju da smo još uvek mlade.

Da bi ljubav trajala što duže, treba vam malo strategije i zrelosti. Sećate li se vremena kada smo se lako zaljubljivale i kada su naša srca radila šta im je volja? Jačine naših emocija i to što smo se vodile njima. Kako su nam misli bile negde drugde, van kancelarije ili grada, kako nas je to odvlačilo od dece i kako smo umele pola plate da potrošimo na donje rublje? Ljubav je bila svakodnevna i jaka i imala je kontrolu nad našim telima.

Dopada mi se ova nova ljubav i ne želim da vidim da propada. Želim da traje, da je mazim i pazim i da, posle naučenih životnih lekcija, iz nje izvučem ono najbolje.

Nikada se ne hvalite

Ukoliko ste već upoznali svog savršenog muškarca, koji vas voli i deli svoj život sa vama, stavite rajsferšlus na usta, molim vas! Nema ničeg goreg od onih koji stalno govore o svojoj sreći. Sreća se sastoji od intimnih i beskonačno suptilnih sastojaka; mogla bi se istopiti u svakom trenutku, mogu je pregaziti rutina, ravnodušnost ili neslaganje.

U početku imate želju da se popnete na vrh krova i glasno objavite svima koliko ste srećni, ili da to izvedete na bezbroj drugih načina. Ali kako vreme prolazi, ukoliko vaša ljubav počne da vene, a letargija zauzme njeno mesto, da li ćete se i tada penjati na krov i vikati? U prve tri godine lako je biti ludo zaljubljen. Nakon toga ljubav traži posvećenost i veštinu. Dakle, srećni ljudi od prvog dana drže jezik za zubima.

A ako vas put nanese na nekoga ko zna koliko dugo ste bili sami, ko i sam prolazi kroz tešku fazu odbacivanja, može vas pitati kako ste. Odgovorite: „Nije loše", ali bez preteranog entuzijazma. Opis svoje sreće zadržite za sebe. Ukoliko je to žena koja je već dugo sama, budite fini i dodajte: „Ali nije lako. Kako si ti?"

Naučite kako ponovo da delite život s nekim

Nije lako ponovo se privići na zajednički život kada imate pedeset godina, pogotovu nakon petnaest godina hronične samoće. Svi mi imamo svoje bubice. Koliko god da smo bili prilagodljivi pre dvadeset godina, sada smo nepopustljivi. Da ne pominjem finansijske situacije ili broj izdržavane dece, što se retko uklapa u priču kada se pomene ideja o zajedničkom životu. Koliko ćemo moći da popustimo? Nije problem prihvatiti poznato, ali kako ćemo reagovati na potpuno nove aranžmane?

„Ko još stvara porodicu u našim godinama?", čula sam kako kažu. Odgovor na to je: niko. Naravno, svi znamo za poneki par koji se spojio negde oko četrdesete. Ali posle pedesete, moramo dobro da razmislimo...

Mladi ljudi mogu da odluče da dele stan, istu mašinu za pranje veša, istu čašu za četkice za zube. Navike se ne menjaju tako lako. Odluka da započnemo zajednički život u smiraj dana zavisiće od kombinacije ljubavi, ekonomskog momenta i međusobne kompatibilnosti. Prve dve stavke su dobro poznate u momentu donošenja odluke, ali one se mogu i promeniti. Što se tiče treće, samo vreme može da pokaže koliko dve osobe odgovaraju jedna drugoj. I navike se menjaju s vremenom.

Slatkiš i ja smo se dobro poznavali jer smo bili prijatelji. Kada smo prešli na ljubav, i dalje nismo baš mnogo vremena provodili zajedno. Što je bilo u redu, jer je trajalo... Uselili smo se u prvi stan koji smo pronašli, spojili naše biblioteke i oduševili se brojem duplikata. U koferu je spakovao svoju prošlost, decu različitog uzrasta i dve-tri stvarčice koje nije mogao da izbegne: hranu koju voli, muziku, veliku lutku u dnevnoj sobi i konstantno sušenje veša po dnevnoj sobi (Slatkiš nije pristalica sušilice za veš).

Obožavam tu veliku lutku, ali mi smeta gomila majica i čarapa koje se suše. Životna sredina ne može se takmičiti sa izgledom mog životnog prostora i ne mislim da ušteda električne energije može da se postigne u stanovima koji su pravljeni po standardima barona Osmana. Ali šta je tu je. Sve dok se volimo, neke svoje stavove zadržaću za sebe.

I maci sam morala da objasnim da mi je još neko drag i da mi njena ljubav više nije potrebna kao nekad. Sećam se da su tada moji stari roditelji, kojima je uvek nešto bilo potrebno, i koji su uvek bili džangrizavi, mislili da su uvijeni u mačje krzno. S obzirom na to da su uvek bili kontradiktorni i da su uvek govorili ono što ne misle, predložila sam im da nastave da se brinu o maci. Energično su odbili, što sam ja shvatila kao pristanak, čak i kao oduševljenje. Moram priznati da sam primenila ćerkinu strategiju. Kakva majka, takva ćerka, ili kao što se kaže: iver ne pada daleko od klade. Maca od tada uživa na jugu Francuske, gde se začuđujuće brzo uklopila i još brže prirasla za srce mom starom ocu.

Svakodnevni život: ko šta radi?

Primetila sam da se obaveze raspoređuju na osnovu prećutnog ugovora utanačenog u prvih nekoliko nedelja. Ako istu stvar ponovite nekoliko puta, to odmah postaje vaša obaveza. Imate naviku da nameštate krevet? Postajete odgovorni za sve krevete. On pere šerpe da vas zadivi? Baš greška u koracima, jer to će zauvek i raditi. Kako se postavite u početku, tako će biti za vek vekova.

Fascinantno je videti kako se neki nežan gest rađa iz ljubavi (ili trivijalni postupci iz raznih okolnosti), ali dovoljno je ponoviti ga dvaput i to prelazi u naviku, koja posle postaje uslovni refleks. Tako postajete onaj koji izbacuje smeće, pravi sos ili pere šerpu posle spremanja špageta. To se neće svideti onima koji ne žele obavezu, ali uz malo sreće, obaveze će se podeliti same, i ne pitajući vas.

Sa trideset i nešto lako se pada u zamku mentalnog pritiska. U ranim pedesetim nema više znoja na vratu, već znate kako stvari stoje, imate svoje prioritete i ne morate da pregovarate. U slučaju da imate bilo kakve nedoumice, možete otvoreno da razgovarate, ali bez trzavica i taktički.

Sećam se da u mlađim danima nisam bila posebno oduševljena životom sa muškarcem, posebno kada nisam imala svoju privatnost u kupatilu. Kao neko ko voli da opere zube bez tuđeg pogleda i ko je ponosan kada su u pitanju telesne funkcije, iznenadilo me je to što su se te stvari izmenile kada mi je srce postalo ispunjeno ljubavlju. Skoro da su mi neke stvari, koje sam do tada smatrala nepodnošljivim, postale dirljive: bučni nosevi, probavne tegobe, ponavljanja... U svakom slučaju, nije mi smetalo ono što nisam želela da primetim. U većini slučajeva, zahvaljujući stanju zaljubljenosti, jedno od vas dvoje će primetiti da nešto čudno miriše, kako bi izbegao direktne optužbe.

Slatkiš mi je pomogao da opet postanem popustljiva. Čovek je jednostavan (za zajednički život), s lepim manirima, iako satima ume da čita na mestima koja nisu predviđena za to – kao i većina muškaraca, pa i poneka žena. Ostaće večna tajna zašto muškom debelom crevu treba obimna literatura, dok je ženama dosta i glicerin. Ne mogu a da ne pomislim koliko sam samo knjiga mogla da pročitam da sam umela da ubijem te dve muve istim udarcem.

Uvek slavite ljubav

Iz godine u godinu, Dan zaljubljenih je sve zastupljeniji u medijima, što me pomalo zbunjuje. Učili su me da je lepo kada 14. februara dobijem buket cveća ili bombonjeru u obliku srca, ali meni se čini da to nije potrebno kada mi neko već govori da me voli i to mi pokazuje svakog dana.

Jer ukoliko osećanja nisu uzajamna, nema potrebe da taj dan označavate cvećem, klečanjem na kolenima ili Bulgarijevim prstenom u satenskoj kutijici. Biće dovoljno da nacrtate srce na krompir-pireu i zaljubljeno oližete prst. I još ako vaš, ili rođendan vašeg dragog, pada negde oko Božića, možda se nešto i zakuva. Dakle, znak pažnje – da, a da to bude obaveza – ne.

A ukoliko nemate partnera, sve najave i reklame u vezi s Danom zaljubljenih samo će istaći činjenicu da ste sami. To je jedan od okrutnih praznika, koji izaziva osećaj krivice: „O, znači, ne postoji niko poseban? Baš mi je žao!“ U svakom slučaju, niko vam ne može zabraniti da sami sebi pošaljete buket cveća i poruku koja će vam razgaliti srce – jer ako želite da nešto ispadne dobro, uradite to sami!

Ako ste u vezi, možete ručati kod kuće, na primer uz flašu kvalitetnog vina, s crvenom ružom u vazi, tek da se obeleži i taj dan. A i nikad se ne zna na šta možete da naletite dok jedete krompir-pire… ako imate malo sreće, možda to bude i Bulgarijev prsten.

Osetila sam da je Slatkišu laknulo kada sam mu rekla da nisam preterano oduševljena nakitom. Ovaj pasus čitao je sa usiljenim osmehom na licu. Šalim se, ljubavi, obožavam – krompir-pire!

Ljubomora

Kako kontrolisati ljubomoru

Trećina muškaraca vara.

Druga trećina se silno trudi da ostane verna.

Poslednja trećina bi rado prevarila kad bi im se pružila prilika.

Poverenja ima samo tamo gde postoji i mogućnost za izdaju. Ljubomora je neizbežna, ide podruku s ljubavlju. Kada Slatkišu kažem da nisam ljubomorna, istina je DA LAŽEM. Pa, kako se izboriti protiv destruktivnog ponašanja izazvanog ljubomorom? Nije lako, ali kada malo bolje razmislim, jedini način jeste da je preokrenemo u svoju korist.

Znam, pitate se kako to izvesti.

Prosto i jednostavno.

Efekat ljubomore je sličan efektu začaranog kruga. Ljubomora vas izludi toliko da vas može inspirisati i da osvežite seksualni život istom energijom koju ste imali na početku veze. Pa zašto biste onda sebe lišili tog osećaja da imate suparnicu? Neka svaka mala ćelija vašeg tela oseti uznemirenost i eto šanse da krenete u akciju na nekoj drugoj strani. Ljubomora je libidov najbolji drug jer, đavo bi ga znao zašto, istina je da svako želi nešto tuđe. To je opštepoznato. Želja nije racionalna. Ljubomora još manje. Slobodna volja odlazi na spavanje, rasuđivanje se komira, misli se pretvaraju u anarhiste, a razum se gubi u vrtlogu mašte.

Kada ste ljubomorni, ne postajete samo pomalo ludi, posesivni, prezahtevni ili egoistični, već ste tada življi nego ikada. Obraćate pažnju na sve i svašta, drugu osobu, druge ljude, sebe.

Ljubomora je bolja od dijete, ne jede vam se ni slatko ni slano, zaboravljate da večerate. Ona vam topi kilograme, ali ume i da pretera u tome, što nije poželjno u našim godinama (prebrz može da bude samo um, a samo lagano gubljenje kilograma je dobro).

Jedini način da živimo sa nekim je sveto trojstvo: poverenje u njega, poverenje u sebe i poverenje u vaš odnos. Svaka druga opcija odvešće vas u svakodnevni pakao, što uvek bude veoma iscrpljujuće.

Naravno, ukoliko u svom krevetu pronađete par čarapa ili narukvicu s ugraviranim tuđim imenom, treba da se zapitate. Ljubavnice koje dolaze u kućne posete obavezno ostave tragove kako bi namerno izazvale haos – nesesere za šminku, testove za utvrđivanje trudnoće, kondome, šalju poruke koje se završavaju srcima, a koja su izdaleka vidljivija od samih reči.

Kada jedan bračni drug počne da čita mejlove i poruke drugog, bračni odnosi postaju trajno narušeni. Od tog dana više ništa nije isto. Pogled uperen sa strane i dupli klik mišem na tuđe poštansko sanduče početak je nove napetosti, koja vodi ka odbrojavanju do detonacije. Ne mora da znači da će to biti kraj veze, ali svakako će biti glasnih eksplozija.

Čak i da vam je teško da odolite, ne grizite tu jabuku, ne otvarajte Pandorinu kutiju.

Kada nevera jednom izađe na videlo, ljubavnica računa na vašu bol, ljutnju, zahlađenje odnosa i jedva čeka da to okrene u svoju korist. I zapamtite, koliko god da je loše imati nevernog muža, u svakom slučaju je gore biti ljubavnica, jer to garantuje mučenje na duge staze.

I eto nam dileme: da li je bolje biti s nekim ko nije veran, ili ostati sam i ne doživeti neverstvo? Da li biste radije umrli od kuge ili kolere?

Dakle, šta izabrati? Da li ga ostaviti zbog nevere?

Ostavićete ga ako ga više ne volite, to jest ako imate dovoljno hrabrosti i para za to?

Život je jedan, što je dobar razlog da ih proživimo nekoliko. Ali jedan za drugim.

Lista poruka

Tek ste zakoračile u pedesete, udale ste se još u prošlom veku, tako je zapisano u knjizi venčanih, i sve ide kako treba.

A ipak, odnedavno, dva-tri detalja su vam zapala za oko. Notes vašeg muža odnedavno je pun raznih sastanaka koji prerastaju u veoma važne večere, čak je iznenada morao da otputuje i u Kinu, ni manje ni više. Vaše sumnje idu neumoljivom eksponencijalnom krivom, poznatoj u statistici, i dostižu vrhunac kada njegova odsustva postanu sve učestalija. A kada se iz Kine vrati iscrpljen, s iritacijom za koju krivi dug let, previše posla i životnu nepravdu, neće vam ni prići. Ili hoće, ali nakratko. Jednog dana, kada slučajno pogledate u ekran njegovog telefona, videćete poruku koja svakako nije za vaše oči. „Mnogo mi nedostaješ.“ Izgleda da Bernar nekome piše...

Na trenutak se smrznete, mozak vam blokira, odbija da krene u dalju istragu, dok se vi borite sa željom da pročitate ranije poruke i spoznate činjenicu da je Kina u stvari tridesetogodišnja plavuša.

Ali molim vas, ostanite mirni (lako je to reći), dišite duboko, a onda pozovite dobru drugaricu koja vešto pliva u bračnim vodama. Dobro je slušajte dok vam govori: „Draga moja, ako ne želiš da se rešiš svog nevernog muža, što i ne bi bilo dobro, pogotovu sad kad si besna („Pogotovu u tvojim godinama!“, to je ono što je želela, ali se nije usudila da izgovori), savetujem ti da, u ovom trenutku, ne govoriš i ne preduzimaš bilo šta.“ Čak i kad je teže reći da ne znate nego da prećutite da znate, ne govorite ništa a da prvo dobro ne razmislite i osmislite taktiku.

Posmatrajte kako se vaš muž bori sa svojom krivicom i pokušajima, što će ga na kraju umoriti, a vi ćete ostati lepi i strpljivi. Čak i kada počne da vas optužuje, što svaki neveran muškarac radi, ostanite svoji. Vežbajte osmeh tako što ćete podići uglove usana i izborićete se sa bolom (i svojim budućim razvodom) koji dolazi. Imate sve vreme ovog sveta. S druge strane, Kina će postati nestrpljiva. Pred njom su mnoga pogrešna skretanja, imaće prigovore, što je, znamo već, siguran početak kraja.

Dok čekate da se strasti smire, nađite neobaveznog ljubavnika. Svuda oko nas ima muškaraca koji ne žele ništa više od toga, a pronaći ćete ih na sajtovima za upoznavanje ili u nekim svojim starim adresarima. Zabavite se što bolje možete, oživite stara poznanstva, aktivirajte neke nove, počastite sebe nekim govorom tela ili baletom, upišite se na fitnes, posetite najnoviju izložbu, nastavite u brzom ritmu! Organizujte izlaske na večere s prijateljima (ne govorite da je u pitanju žensko društvo) i čekajte.

Mislite li da će se vratiti?

Postoji mogućnost i histerije i besa, što će upaliti samo ukoliko je vaš suprug bio zlostavljan kao dete. Ali vama će tada trebati pravi temperament, a on bi morao da bude prava ličnost. To je pitanje kompatibilnih neuroza.

Najgore što možete da uradite jeste da zbijate šalu. A gore od najgoreg je da sate provedete u telefonskom razgovoru s drugaricama, objašnjavate im i dokazujete kako se kreten jebe s nekom kučkom. Neka od drugarica će vas kumiti da ga ostavite i nastavite dalje, što zapravo znači da ne može više da vas sluša, i da samo želi da opet budete ona stara, kakvu vas zna, kakva ste bili pre nego što vas je ljubomora obuhvatila lepljivim pipcima i zarazila tugom i gorčinom. Satima će vam objašnjavati zašto je dobro da se udaljite od tako toksične osobe.

Za dobrobit vaših prijatelja, porodice, dece i bliže rodbine, molim vas, poslušajte savet iskusne pedesetogodišnjakinje: dostojanstvo, nezavisnost i vežbe disanja. Ako želite da govorite, zakažite sastanak. I zaboravite na dobru drugaricu, jer vam ona neće uvek dati dobar savet, a pogotovu ako je ona ta koja spava s vašim mužem.

Rivali kojih se treba čuvati

Pošto sam u vezi, ne želim da ga prepustim nijednoj drugoj. Namučila sam se da bih ga zadržala za sebe. Načekala sam se. Lagala sam sebe da sam prevazišla neke stvari, ali knedla mi i dalje stoji u grlu, iako o tome nikada nismo pričali.

Imamo sjajan, sladak život, poštujemo jedno drugo i nikada se ne svađamo. Nikada ranije nisam doživela takvu harmoniju. Ne znam da li je Slatkiš bio takav sa svim svojim prethodnim partnerkama, ali verujte mi, ako jeste, sigurno im nedostaje. Jer takva harmonija življenja i njegova prilagodljivost nisu baš česti.

U isticanju modela svoje ljubavi, a istovremeno i u strahu da će ga neko ukrasti, prepoznajem nove strahove. Nekada sam se žalila na činjenicu da sam sama, ali zaboravljam koliko je dobro bilo nemati rivala i ne takmičiti se ni sa kim. Jedna od prednosti samačkog života je odsustvo straha od toga da budete napušteni, straha od neverstva, od pogleda u stranu. I tako, preko noći se suočavate s nečim potpuno novim, nečim što se zove poverenje.

Ako vi i vaši voljeni živite u nekoj dalekoj državi, poput Nikaragve, gde su shvatanja lepote drugačija od naših, dobra vest je da možete da odahnete, jer male su šanse da vaš ljubljeni postane žrtva nečije želje, a isto važi i za vas. Ali Pariz je mnogo opasnije mesto.

Uvek će se naći neka žena koja je lepša, elegantnija, pametnija, mlađa, bogatija ili zabavnija od vas, od nas, od mene. Nema te koja će imati sve te kvalitete. Ali primetićete ih tek kada nastupi istrošenost svakodnevnog života i strasti.

Muškarci jesu verni, ne zbog svog morala, statusa, ili zbog iskrene i večne ljubavi na koju su se zakleli svojim ženama i partnerkama, već zato što im se ne pruža prilika da budu neverni. Muškarac može postati neveran čim sretne ženu koja mu da povoda za to. Srećom, oni koji zaista dobro izgledaju zapravo nisu opasni. Oni prosečni su najgori. I još nešto je dobro: vaš partner ne može da se dopadne baš svakoj.

Susrešćete se sa ženama koje igraju na poziciji napadača, pune samopouzdanja, koje se zabavljaju i nemaju šta da izgube. Teško je boriti se sa smehom („Ali daj, samo se smejemo!"). Solo napadač ima manje šanse od žene koja je u vezi i krije svoje tragove. Ovo bi mogao biti i slučaj seksualne igre koju ona igra sa svojim partnerom, koji uživa u tome da njegova žena flertuje s drugim muškarcem. Nikad ne znate šta se ljudima događa u glavi ili u gaćama.

Kada se vrate kući, zagrejani tom javnom glumom, mesje će možda najpre kazniti madam, a onda joj strastveno pokazati divljenje. Svako igra svoje igrice i ne možete znati kako koji par funkcioniše. Kakogod, imate pravo da se ljutite ako primetite da vaša druga polovina maše repom čim se pojavi neka koja mu baci zalogaj pod noge. Jer u pedesetoj i posle pedesete mnogo smo osetljivije i nesigurnije u naše veze. Da li bi na prijemčivost našeg partnera trebalo da gledamo kao na prvi korak ka izdaji? Ne mora da znači. Ali važno je imati mir u glavi posle pedesete.

Jednostavno imate potrebu da zadržite svog muškarca – matora, misli pozitivno!

Ali to je bila samo igra, kaže on.

Da, ali videla sam da hoćeš, želite da vrisnete.

Da biste zasigurno vratili situaciju na sigurno tlo, trebalo bi da objasnite kako ste se osećali i da zahtevate malo poštovanja. Tada ćete to moći da zaboravite jednom zauvek, ili da se našalite na tu temu. Nema svrhe gubiti živce i svađati se, to je kontraproduktivno. Stišajte bes, tugu i strah. U nekom trenutku ćete pronaći prave reči. Ali ako zbog jednog beznačajnog događaja seme ljubomore pusti korenje i zagorča vam svakodnevni život, moraćete da razmislite da li taj neprijatelj predstavlja pravu pretnju. Pre svega, ko je uopšte ta žena?

Ako je to neka od trideset devet, bez dece, možete da odahnete koliko god bio dobar njen plan zavođenja. Muškarci postanu sumnjičavi kada uđu u pedesete. Već su proludovali i ne znoje se više iza ušiju. Čak i da se prime, mnogi joj ne bi ni prišli bez zvanične potvrde lekara…

Isto važi i za bludnicu u četrdesetim, s malom decom, koja pokušava da ćaska s vašim mužem. Tuđa deca tolerišu se samo ako su odrasla ili nisu u blizini. Majka maloletnog deteta nije za ulogu ljubavnice ili bi, jednom u dve nedelje, morala da pregovara s ocem kako bi sebi dala prostora da diše.

Ako ima četrdeset pet godina i ima tinejdžera, takođe ne predstavlja pretnju. Roditeljski sastanci, vannastavne aktivnosti, posao i praznici s potencijalnim pastorcima u kombinaciji s neslaganjem mišljenja povodom vaspitanja vrlo brzo mogu da ga odvrate od bračne ponude. O, dakle, treba nam šestosobni apartman? Ako jorgan, čak i zajednički, nije dovoljno dug da pokrije njihove zahteve, sve se vrlo brzo zakomplikuje.

S druge strane, potencijalni rival kog se treba čuvati je lepa, sama, ali obećana, nema dece i nije u godinama pogodnim za rađanje. To je zmija u Edenskom vrtu, koja će i sama rado suptilno zaglaviti nogu u odškrinuta vrata.

Neki muškarci mogu da odole ženskoj lepoti.

Da li bi žene imale jaču volju u sličnim situacijama? Zavisi. Za svakog bi to bila vrsta iskušenja. Svako voli pažnju. Ni vas ništa ne bi sprečilo da se ukrcate u podmornicu i zaronite deset metara ispod vode, da uživate u osećaju vrtoglavice ili... da se spustite niz merdevine.

Ili biste mogli da skočite i uživate u ronjenju. Na sopstveni rizik. U ovakvim situacijama, bolje je ne razmišljati, jer zadovoljstvo valjanja po senu ili afera s nekim (muškarcem ili ženom) uvek je kratkog daha i nije vredno gomile nerešivih problema, koji nastaju kada se neverstvo otkrije ili još gore prizna! Uz malo sreće i umeća, niko neće postati pametniji, jer dok je neverstvo loša vest, dobra je da smo ljubomorni na ono što smo saznali. Ne brinite, ništa se neće promeniti, ljubomora nas ne tera da odemo, samo nas drži pod ključem.

Moja lična statistika govori da nismo svi podjednako pogođeni ljubomorom, koja ume i da uništi život, ali srećom, nisu svi muškarci neverni i ne prave nas svi ljubomornim. Lično nisam ljubomorna, ali pecnite me i pokazaću vam štiklu.

Tajna parova koji traju

O, duše iz lampe, učini da on mene voli malo više nego što ja volim njega.

Ljubav se rađa iz spoja dve opsesije, koje nastaju iz hemije uma i kože. A onda dobija novi život. Na nju utiču mesečeve mene, razvija se tokom vremena i bledi pre nego što potpuno nestane i pretvori se u nešto potpuno drugačije, u najboljem slučaju, u neku drugu vrstu ljubavi, prijateljstva ili naklonosti, zavisno od prošlosti i sklonosti svakog ponaosob.

Strašno je živeti život s pogrešnom osobom. Kako se ljudi bore s pogrešnim izborom partnera? Samo materijalna strana i porodica, što poprilično izbledi do momenta kada zakoračimo u pedesete, mogu nas sprečiti da se suočimo s tom istinom. Kada ljubavi nema, i na to se s vremenom naviknete.

U oba slučaja, ponovo je reč o strahu.

Iskreno se divim parovima koji traju. Onima koji su zajedno čitav život. Otporni su na habanje, idu podignute glave, krpe rupe nastale tokom godina i sigurno plove bez bojazni da će potonuti. Kako uspevaju da prebrode sve krize i partnerove promene, koje ponekad ne idu nabolje? Kako uspevaju da izbegnu crnu rupu koja se s godinama širi? Da se suoče ili odole raznim iskušenjima koja ih mame? Pakosni će reći da ove ljude spaja nešto što je teško prepoznati, sem ukoliko ih ne vezuju kompromisi ili gusto prepletena ludost. Ipak, imaju svoju misteriju koja ih održava.

Neke je vrlo lepo videti. Dobrodušni su i traju, umeju da prebrode nesuglasice ako do njih dođe. Drugi su zastrašujući, toksični, preparirani. Bore se s posledicama svojih nevolja, stavova ili svađa. Deluju iritirajuće. Kako se boriti protiv upornih promena raspoloženja? Pretpostavljam da to zavisi od karaktera. S druge strane, ti koji se tako dobro slažu, u isto vreme su i iritantni i sumnjivi. Da li je druga polovina stvarno ljudsko biće?

Ali mislim da će, ukoliko su prebrodili i poslednji prelazni period i sve izazove – odlazak najmlađeg deteta iz kuće, prigovore, diskreciju, oproštajne suze – večno ostati zajedno. Da bi jedan par mnogo godina proživeo u sreći, poželjno je da bar jedno od njih bude fino, a da nijedno ne bude naročito zadrto.

Brak

O, duše iz lampe, učini da uvek želimo, ali da nikada ne trpimo.

Na početku, svrha venčanja je organizovati zabavu za dvoje koji žele da naprave pesmu i uz nju plešu svoj seksi ples...

Pogledajmo početak jednog venčanja: prelep i zabavan dan, puno cveća, svuda pokloni i osmesi, izdajničke misli su tek za svečanu ceremoniju.

Svetla i sva pažnja upereni su na mladu s velikim M, na njene visoke potpetice, punđu i čipkanu venčanicu. Njeni roditelji su zadovoljni, laknulo im je, mada to pokušavaju da prikriju. Njene drugarice, još uvek devojke, uključile su svoje radare: uz muziku, besplatno piće i pripite goste, svadbe su uvek bile bogatije lovište od bilo kog sajta za upoznavanje.

Ljudi pažljivo slušaju govore mlađanih prijatelja, strepe u strahu od razotkrivanja detalja iz mladosti, a posle mučnih video-snimaka iz detinjstva, svi zdušno tapšu. Maliciozne duše se klade koliko će brak da potraje, a oni zlobni će obratiti pažnju na mladin datum rođenja, uz pomisao: „I vreme joj je."

I ako je brak, iz više razloga, koristan – jedan porez, priznata deca, specijalne olakšice, jedno porodično prezime i slično – na kraju, jedan bračni drug omogućava drugom da pritisne dugme u liftu koji će ga u društvenom životu popeti za sprat više, što mu ne bi bilo moguće samom. Kada se zaveti razmene, bajka postaje stvarnost.

A onda, jednog dana, brak zaista dobija smisao kada jedno od njih dvoje zahvali drugom na tome što su svoja osećanja ovenčali brakom.

Jer u tome i jeste stvar.

Ljubav (često) ne traje večno.

Dok brak (uvek) predugo traje.

Da ne pominjemo razvod, koji je uvek večan.

Dobar razlog za brak...

Ako niste te sreće da ste rođeni s prezimenom koje se lako pamti, dobra strana braka je što vam se pruža prilika da se rešite neželjenog prezimena, nasleđenog od oca, i zamenite ga muževljevim. Ukoliko ste imali teško detinjstvo (može li žena koja je strepela od svog oca da podigne ruku?), brak može da okonča ovaj svakodnevni podsetnik na uticajnog oca.

Što se mene tiče, nikada nisam imala potrebu da ozvaničim svoj brak. Užasava me pomisao da maskirana u belo uđem u crkvu ili opštinu. Ali ako bi moje prezime po rođenju bilo Plovak i ako bih srela gospodina s prezimenom Burbon-Parme i rodila se romansa, mislim da bih primorala gospodina da se što pre venčamo. Ako bi se, neku godinu kasnije, brak završio razvodom, prvi moj zahtev advokatu bio bi da osigura da mi ostane muževljevo prezime do kraja života. Sada, naravno, u nekim ključnim momentima, kao što su zaposlenje deteta ili rođenje unučeta, društvene mreže bi upućivale na „gospođu Burbon-Parme, devojačko Plovak", što bi se moglo primiti kao nizak udarac bivšeg muža.

Ali ako zaboravimo na loša prezimena i odredbe zakona, brak je zaista vrhunac bezgranične ljubavi, koju želite da ozvaničite i overite na zakonom propisan način.

Fusnota: to je takođe i način da zapušite usta kučki koja pokušava da ćućori s vašim budućim mužem i pokažete joj da je vreme da se povuče korak-dva ili će u suprotnom loše proći. Godinama smo učili od naših prijatelja da bračni ugovor ne sadrži klauzulu vernosti. Upravo suprotno. Postoje čak i stručnjaci, žene koje mrze same sebe, a čiji je životni poziv biti ljubavnica. One, doduše, nisu najopasnije, ali nama se čini da jesu.

Bolje sprečiti nego lečiti

Neki kažu da je lako razvesti se, ljudi se venčavaju ponovo. Malo njih će reći da nije strašno dobiti otkaz, ljudi se posle ponovo zapošljavaju. Kada je brak u pitanju, sud porodice je isto što i državni sud za zaposlenje. Samo što niko neće protestovati na ulici kako bi se ublažili zakoni koji regulišu bračne ugovore. Ako insistirate, možda ćete i naići na advokate koji se drže toga da proces ostane spor i komplikovan koliko je to god moguće.

Kada dođe do gorkog kraja, imetak i bol će biti podeljeni na ravne časti. Jer mukotrpan razvod ne samo da osiromašuje obe strane, pa čak i onu koja je pokrenula postupak, već uništava, paralizuje i onemogućava bilo kakvo pomirenje.

Krivicu uvek oseća onaj koji napušta gnezdo. Ako je gospodin srećna neverna strana, pokazaće velikodušnost proporcionalnu besu druge strane, a neće naići na zahvalnost. Čim se zakaže ročište, ego počinje da se budi i obe strane pokušavaju da objasne svoju patnju. Stvari se tada neminovno menjaju, razjarena strana pretvara se u ratnika i započinje bespoštedni rat. Prijatelji, deca, srebrno posuđe, sve će biti podeljeno na dva dela. Prijatelji, pa čak i deca, biće primorani da stanu na jednu ili drugu stranu. Sve neraspodeljeno završava na buvljoj pijaci.

Podela bi bila jednostavnija da se obe strane vrednuju na isti način, ali kako da budete sigurni da je tako? Razvod otvara vrata mnogim podlostima: od iznošenja činjenice da je zapostavila karijeru kako bi se brinula o deci i spremala večere za poslovne partnere kako bi njen muž napredovao na poslu, kako je sve vreme bila sama, dojila decu, kao i da se obavezno uzme u obzir to što je držala porodicu na okupu. Sudija će morati da donese odluku koja je sve samo ne pravedna. Rasporedom ročišta i određenim pravima na viđanje, razvod vam oduzima mir, jer se svaka strana drži svoje priče i traži nazad prava koja su, tokom ljubavi, bila predata slobodnom voljom.

Jednom kada se odluka donese, ako nema više šta da se podeli, najpozitivnija strana razvoda je to što se prašina odjednom slegne u ravnodušnost, za koju niste ni pomišljali da je moguća. Zarad mira, dece i naših finansija i kako bismo mogli nesmetano da nastavimo sa životom, razvode bi trebalo pojednostaviti. Ali zarad hleba nasušnog advokata koji se bavi porodičnim pravom, sve će, verovatno, ostati isto.

Da li je moguće ponovo se udati u pedesetoj?

Nakon nekoliko života, u pedesetoj niko ne planira brak. Brak više nema isti smisao, tim pre što su raskidi i preživljena iskustva umanjili naš entuzijazam prema dobrobitima bračne institucije. Nema potrebe da se osvrćemo na statistiku koja pokazuje da se većina prvih bračnih iskustava završi obračunom kuhinjskim noževima. Najbolje je izbegavati ga, jer svaka strana nosi težak tovar briga na svojim leđima. Ali ako deo vas i dalje čezne za takvom romansom, zašto da ne?

Uvek sam mislila da pre braka treba proživeti. Upoznati razna tela, iskusiti razne emocije, dovoljno propatiti, utopiti se u alkoholu, otplakati zbog nekoga, dati sebe bez kajanja, smejati se u krevetu i čitati nakon toga, nekoliko puta ponoviti istu grešku, razmisliti o tome i shvatiti… Pa ako nakon svega toga i dalje imate želju za brakom, to je zato što ste naišli na pravog.

Kao i ljubav, i brak će doneti određeni status, osećaj sigurnosti, utisak da više vredite kao par, da ste zajedno jači, držanje za ruke, porodicu, možda ćete dobiti i etiketu *Savršen par*… To je i način da ojačate temelje, da ostvarite planove i da nakon nekoliko godina sve kockice složite. Ali gde god da krenete, prošlost ćete nositi sa sobom.

Dakle, da li bismo odbili prsten i uramljenu sliku s venčanja, koja će visiti na zidu?

Na početku pedesetih, kada smo našle ravnotežu, ne treba nam niko kome bismo rađale decu, a još manje nam treba finansijska podrška, navikle smo se već na svoj status. Pa zašto bismo onda rekle *da*?

Taj bi stvarno morao da bude uporan.

U stvari, kao prvo, morao bi da vas zaprosi!

Savet za mlade žene

Volite svim svojim srcem, ali se zapitajte da li kvaliteti vašeg izabranika mogu da potraju i da li će vaša ljubav oslabiti ako se on ili okolnosti promene. Postavite sebi pitanja: da li ću imati lepo mišljenje o njemu i kad ga budem manje volela (ili kad on bude manje voleo mene)? Da li će stvarno biti uz mene i u dobru i u zlu? Hoće li biti velikodušan ako se rastavimo? I u prvim danima veze možete imati ideju o mogućim odgovorima, čak i kad nisu potpuno tačni. Pazite se škrtica koji u restoranu predugo bulje u račun i izbegavajte hvalisavce koji troše previše novca samo da bi se pokazali, ili one koji samo čuvaju i štede. Razmislite o hedonistima koji nalaze ravnotežu između potreba i zadovoljstva i držite se podalje od onih koji preziru novac, a naročito kada ga nemaju.

Pre svega, devojke, hranite svoj um, negujte svoje talente, budite vredne i ne posustajte. Uvek budite samostalne. Pazite se finansijske zavisnosti, koja je kamen oko nogu i vuče na dno.

I nikada ne zaboravite da su dobrota i velikodušnost dve osobine koje se, bez obzira na okolnosti, ne menjaju s godinama.

Savet za mladiće

Svoje poglede usmerite ka hrabrim, ljubaznim i marljivim devojkama. Bežite na kilometar od maminih princeza i praznih glava, koje će otići čim ponestane čipsa. Zapamtite da karakterne osobine postaju sve izraženije s godinama. Kule uvek padaju na onu stranu na koju se naginju. Ono što je divno u dvadeset petoj, manje je lepo u pedesetoj. Ako imate sreće, do tada ćete već imati sliku na zidu. Ako se zaljubite u neku koja nije samostalna, vući ćete je za sobom ceo život i žalićete što je ljubav prekratko trajala. To je porodični model na koji je naša podsvest navikla.

Pokloni u pedesetoj

Što bi rekao Andre Žid, nije lepota u onome što vidite, već u načinu na koji ga posmatrate. Neka ga neko podseti da volim božure u junu, mimoze u januaru i neočekivana iznenađenja tokom cele godine.

Pokloni su sastavni deo ljubavi, finansija i velikodušnosti. Kada ste sami, ne morate da poklanjate niti da primate poklone, ali kada ste u vezi, ta potreba se javi nekoliko puta godišnje: rođendani, Božić, Dan zaljubljenih, godišnjica braka ili veze... Zadovoljstva se vraćaju kao bumerang.

Tajna

U zemlji pedesetih, generalno gledano, imamo sve. Ali to sve uključuje i stvari koje se mogu bezbroj puta umnožiti. Torbe su odličan primer za to. Bilo da su ručne, tašne ili neki ranac, torbi nikad dosta! Ženske tašne nisu moda, one su potreba!

Garderoba

Šta god se vama dopada. Oduševite me! Pošto je moj rođendan početkom novembra, bojim se da bi onaj ko bi mi kupio dizajniranu garderobu, koja tada sigurno nije na popustu, morao dobro da isprazni novčanik. U ovoj nesreći ima i sreće: ukoliko mi ne odgovara, poklon uvek mogu da zamenim. Tako bih ja uvek dobila manje poklona od moje drugarice Kozi, koja je rođena 2. jula, na sam početak rasprodaje. Ali zato ona nikad nije pošteđena neprijatnih iznenađenja, šta ćete.

Knjiga

U principu, knjiga nije skup poklon, ali će cena biti odgovarajuća samo ukoliko je napravljen dobar izbor. Inače, često se dešava da to bude neko lako štivo ili ono što već imate. Budite fini i nemojte nas vređati tako što ćete nam pokloniti knjigu koju smo već trebale da pročitamo. Dakle, izbegavajte klasike, sem ako to nisu lepo upakovana sabrana dela, u tom slučaju prihvatljiva su koja god da izaberete. Dobar izbor bi bio neko nedavno nagrađeno delo. Iz pristojnosti, ostavite i račun prodavca, ali tada razmena mora da bude brza. Danas knjižare često liče na prodavnice organske hrane ili se preko noći pretvaraju u prodavnice u kojima se mogu kupiti i slušni aparati. Nekada je sve bilo drugačije.

Nakit

Nakit je teško zameniti bez povrede tuđih osećanja, ali u isto vreme uvek bude iznenađenje, jer je retko kad neprikladan. Osim, naravno, ukoliko vam neko pokloni minđuše, a vi nemate probušene uši – što vam odmah nešto poručuje. Najmanje što možete očekivati je jednostavan nakit simbolične vrednosti. U najboljem slučaju, gledaćete u kutiju sa zlatnim slovima, pogotovu ukoliko je lepa i skrivena, pa je iznenada pronađete u džepu svog kaputa ili ispod salvete u restoranu. S rukom preko usana, vaš izraz lica će reći: „Kakvo iznenađenje!" (A nezadovoljna ćelija u mozgu: „Pa bilo je krajnje vreme!") Pre nego što otvorite kutijicu, okrenućete je u ruci, lagano je otpakovati, natenane, uživaćete u neizvesnosti, takav lep gest ćete propratiti osmehom i pitanjima samo da biste produžili uživanje. Zatim ćete staviti prsten na odgovarajući prst i čestitati sebi što ste uspeli da provučete poruku s tačnim merama.

Anahronizam

Svako ko vam pokloni CD, nije čuo za *Spotifaj* ili *Dizer* i verovatno ima preko četrdeset godina. To je isto kao kada bi neko ko ima šezdeset godina poklonio VHS kasetu nekom od pedeset. Za nekoga ste mladi, a za nekoga dinosaur.

Pasoš

Najneverovatniji originalan poklon bio bi onaj koji ruski oligarh poklanja svojoj ženi za desetogodišnjicu braka. Gospođa je bila oduševljena kada je dobila lepo upakovan nov lični dokument na svoje ime, sa deset godina kasnijim datumom rođenja. A kada kažete da ste rođeni deset godina kasnije, odmah ste i deset godina mlađi! Ne može sve da se kupi novcem, ali dosta toga može. Ovakav poklon ima smisla samo ako je praćen gomilom injekcija i specijalistima koji uklanjaju kompromitujuće tragove na licu. Ali to je laž visokog društva, koja zahteva šizofreniju, razne metode i dobro sračunato sužavanje kruga prijatelja da biste uradili nešto tako originalno. Ako ste rešeni da meni poklonite nov pasoš s novim datumom rođenja, čisto šale radi, predlažem da odaberete i drugo državljanstvo, neke male države poput Vatikana ili Andore, a ako je moguće, i neko novo ime. Tako ću moći da zamolim matičara da me ponovo upiše u knjigu rođenih, da imam neko drugačije detinjstvo i obrazovanje i potpuno novu prošlost. Za budućnost ću se pobrinuti sama.

Cveće

Jedini dozvoljen uračunjiv gest vašeg partnera bio bi da vam pokloni buket ruža s jednom ružom za svaku vašu godinu. Mogao bi diskretno i da pogreši u računanju. Na primer, lep gest bi bio da izostavi neku ružu. Ne događa se često da elegancija štedi novac!

Proslava

Kad dođe rođendan, zašto ne biste ranije otišli u krevet i zajedno sa svojim partnerom ispili flašu šampanjca, koju ste prethodno ohladili za tu priliku, a sutradan se probudili s glavoboljom i pregrmljenom godinom više?

Ali smilujte se, molim vas, ne iznenađujte nas rođendanskim žurkama! Iskreno, prestarile smo to. Taj šok, kada vidite goste kako raspoloženi, sa čašom u ruci, iskaču iza dvoseda, nije dobar za srce: a onda treba zadržati suze, prikriti sramotu, izboriti se s tišinom koja zavlada, sa osećajem da niste dostojni onih koji su se potrudili zbog vas... U takvim situacijama očekuje se da kažete nešto u znak zahvalnosti, kroz neku šalu i glasom koji ne podrhtava. Molim vas, nemojte da se iko venčava ili umire u mojoj blizini, poštedite me bračnih pesama i hvalospeva: nisam programirana za to. Ako baš mora, dajte mi parče papira i olovku tri dana ranije i napisaću vam pesmu.

Postoji mogućnost i da, bez iznenađenja, svom partneru priredite rođendansku zabavu. Pitajte za listu gostiju, meni, predložite svoju ideju i omiljenu tortu. Nema rizika, nema iznenađenja (neprijatnih). Unapred iznet plan ima svojih čari, ali ja sam pre za već isproban recept: intimnu zabavu udvoje u nekom klasičnom ili neobičnom okruženju. Romantični vikend dodaće kamen u zidu vaših sećanja, a još ako slučajno pronađete još neki kamenčić u džepu svoje jakne, upakovan u plišanu kutijicu, to bi bio veoma uspešan rođendan – zar ne, Slatkišu?

Radujete se Božiću?

Božić je vreme neizostavnih ukrasa, nesrećnih poklona, lošeg svečanog ponašanja i poremećaja u ishrani. Vreme kada sagledavate svoj profesionalni i lični život, kraj ljubavne afere koju ste započeli početkom leta, vreme za sive kišovite dane, sivilo, kožu koja izgleda još starije, i kada vas od 15. novembra do

15. decembra bar dvesta puta pitaju „Šta planiraš za Božić?" Upomoć! Možete se samo nadati da će duh iz lampe, sa flašom šampanjca u ruci, izaći iz svog skrovišta i reći: „Hajde, draga moja, otvaramo sezonu, reci neku želju." Tražila bih mu cipele broj 39, još jednu tašnu, nakit za koji se još uvek kaže *dragulj*, masažu u luksuznom spa centru, kurs plesa u evropskoj prestonici, bestselere o kojima svi pričaju i, kao poslednju želju, ako to ne bude i prva, da moja romansa ne trpi nikakvu ni direktnu ni kolateralnu štetu.

Zlobno skrenuvši pogled u stranu, duh iz lampe bi me pitao: „Još jednu tašnu? Ali već ih imaš trideset dve!"

„Pa u čemu je problem, jesi li ti duh iz lampe ili nisi?", odgovorila bih mu.

Kada se sve to završi, bićete ili srećni ili razočarani, ali u svakom slučaju, laknuće vam što ste konačno preživeli taj depresivni deo godine u kome se nadmeću u konzumiranju masnih i slatkih zalogaja. Onda dolazi vreme da sortirate poklone u: *već imam, ne dopada mi se, ne ide ni uz šta, nije u mom stilu*... Da li ih baciti, pokloniti nekome ili prodati? Kupovina i prodaja na internetu guta sve loše odabrane poklone. Ali ako mi neko donese sumnjiva lična dokumenta, zadržaću ih. Ko zna, možda će jednog dana Vatikan ili Andora zavladati svetom...

Upakovan poklon nije sto posto siguran. To bi moglo biti i nešto lepljivo, i neprikladno, i preterano vredno, ali i neka glupost; međutim, razmišljanje, mašta, iščekivanje, iznenađenje i taj momenat kada lagano povučete ukrasnu traku uvek su divni.

Priča, crtež ili pesma mogu imati jači efekat od Vitonove torbe.

Da li je ovaj deo pogodak u metu? Prepoznajete li način na koji nas ljubav čini krhkim, prozračnim i osetljivim? Naredni deo zadire malo dalje. Želim da podignem još jedan ćošak tepiha pre nego što podignem zavesu pred stvarima o kojima se ne govori u javnosti, ali se o njima konstantno raspravlja među prijateljima. Pa, drage moje pedesetogodišnjakinje, hajde da ostanemo zajedno i zavirimo u intimu naših života. I to bez cenzure!

Sve što ste oduvek želeli da znate o pedesetogodišnjakinjama

Odlučio sam da budem srećan, jer je to dobro za zdravlje.

Volter

Svakog dana zahvalim svojoj srećnoj zvezdi što sam ovde, što kucam smešne priče na računaru, koje ponekad i meni izmame osmeh. Dokle god sam okupirana tim sitnicama, sve je dobro.

Međutim, tu su i one važne svakodnevne aktivnosti, na koje potpuno zaboravljamo kada sve ide svojim tokom. Naša tela, ali i rodbina, prijatelji, lepota, zdravlje, sport… To su ključne teme ovog četvrtog dela. I mada hijerarhija ne bi trebala da postoji, počećemo od seksa.

Seks

Neki trendovi, koje niste mogli ni da zamislite, redovno se prepoznaju na društvenim mrežama, blogovima ili u prostim rečima. Jer bilo da se radi o redovnom, povremenom ili onom koji je ostao samo u sećanju, seks je tu uvek, i nikada ga nema više nego kada ga nema.

Kvalitet i kvantitet seksa u velikoj meri zavisi od parametara koji su promenljivi i na koje često ne možemo da utičemo. Što se tiče muškaraca, s godinama njihova tehnika ume da bude sve bolja, ali rezultati samog čina umnogome zavise od prirode i pažnje. Neki kažu da se dobri ljubavnici ne rađaju, već takvi postaju. Drugi opet veruju da se muškarci rađaju s različitim predispozicijama. Kada su u pitanju virtuozi, mišljenje je jednoglasno i potpuno isto. Ali prosečan i nasumice odabran momak iz komšiluka mogao bi od neke žene da bude okarakterisan kao čudesan, a već za sledeću bi mogao da bude potpuni promašaj. Bog bi ga znao zbog čega! Okolnosti? Osećanja? Pilule? Ili možda fizička privlačnost zavisi od najosetljivijih ćelija telesne i mentalne hemije.

Svakom paru je važno da se dobro slažu u horizontali, ali došli smo u neke godine kada ne ide da se u podne valjamo po senu samo zato što imamo punokrvnog mužjaka ili uzavrele hormone. A nije ni zdravo. Prosek u seksu je mnogo lakše prihvatiti nego u ljubavi. Fusnota: ali to pomaže.

Prednost nas u pedesetim je u tome što savršeno dobro i u svakom smislu umemo da kontrolišemo anatomiju tela. Naučili smo tekst, muziku, ritam pesme. To je balada koju pratite od prvog udara dirigentske palice. Najosetljivija mesta, naravno, otpevamo na samom početku, bez odstupanja održavamo ritam i tako lagano klizimo sve dok na kraju srećno i zadovoljno ne upadnemo u kontrolisani trans.

Kada se popnemo u visine, krv koja juri kroz naš nervni sistem, kao neoboriv dokaz, mami nam blaženi osmeh na lice.

Ne postoji ogledalo na plafonu niti skrivena kamera da bismo to i dokazali (barem se nadam da ne postoji), ali pretpostavljam da u nekom momentu moramo promeniti izraz lica. Ponekad mi je dovoljno monotono da o tome i razmišljam, ali nedovoljno da bih poželela da prekinem.

Kada stvari dobro funkcionišu i mesje i madam se lepo slažu, koliko često bi trebalo upražnjavati seks? Da li će mesje uklopiti svoje nagone s migrenama koje muče madam? I da li će madam biti razočarana ako je mesje umoran i ne može?

Dobro je, uživamo, sve funkcioniše: ovo su tri najbitnije stavke koje jedan par treba da ima ispod jorgana. Jer sve i da naša tela nemaju datum isteka roka, vreme će umešati svoje prste.

Parovi u zvaničnoj vezi održavaju svoj seksualni život trijažom libida, fantazija i lenjosti. Hranite svoj libido zdravom ljubavlju, fantazijama i nekim suplementima koje prepisuju ljudi odgovorni za to. Potreba za snom rešava se time što ćete zajedno ranije leći u krevet ili odspavati u toku dana. Lenjost je najopasnija. Zajedno sa sličnim navikama, to je nešto protiv čega se treba boriti. Pojedine žene u pedesetim ne vole tanku podlogu. One, pre svega, traže rame na koje mogu da se oslone, mada, ako se uzgred nađe i neki dodatak, nesumnjivo će biti zadovoljne. Muškarci u pedesetim pre svega traže zadovoljstvo, i to, ako je ikako moguće, bez obaveza. I pretežno su zainteresovani za mlade žene koje nisu zadovoljne ni podlogom ni dodatkom.

To je nešto na šta treba da ih podsetimo.

Zauzmite položaj

O, duše iz lampe, cenzurisano.

Trebalo bi izmeniti klasiku. Misionarska je dobra, ali kaubojke više nisu dozvoljene. Više nismo u godinama kada nas, sem u pomračini, treba gledati odozdo. Isto tako, ne preporučujem ni poze koje ženska kolena izlažu dugotrajnom trenju i gnječenju o površine poput parketa, trave ili pločica. Tepih nije ništa bolji: pomislićete da bi sofa bila udobnije rešenje, ali ni luksuzni materijali ni naši zglobovi nisu više ono što su nekad bili. Iritacija kože i bol u leđima su neminovni. Ako želite da dodate malo začina, razmislite o nečem drugom.

Osmislite neka pomagala, ali neka vam budu pri ruci pre nego što predstava počne (jednom kada se turbina zavrti, nijedna ruka nije dovoljno duga da ih dohvati). I ne ostavljajte ih na videlu, mogu biti šok za vaše članove porodice. Deca, koliko god godina da imaju, ne mogu da razumeju da njihovi roditelji upražnjavaju seks. Otkrivanje ili uočavanje dokaza za njih je mučenje, a o pikanterijama da i ne govorimo. Dakle, prikrijte sve dokaze. U suprotnom, vaš autoritet bi mogao biti urušen.

Probudite svoju uspavanu maštu, istražite nove alternative, prečešljajte osnove. Razmislite o rečima koje su neverovatno efektne: moj vokabular naučio me je da neke od njih vrede trostruko. Šale radi, a možda i ne, uzmite paunovo pero, gudalo za violinu ili četkicu za šminku i tražite mu da vas natera da vrisnete.

Dozvolite nekome da se umeša u vaše bračne odnose. O čemu ti to pričaš? Pričam o dozvoljenoj mentalnoj preljubi, u kojoj u mislima dozivate onog kog poželite. To je vrsta igre, ali i svojevrsni vid deljenja. U najintimnijim momentima, kroz maštu ili reči, možete prizvati razne ljude: lokalnog roštiljdžiju, mladog Turčina iz perionice, ženu sa drugog sprata, Breda Pita...

Prošapućite pozivnicu i šaljite je i gospodi i damama. Posle toliko godina provedenih zajedno, kad već želja počinje da slabi, nije to ništa strašno. Kome smeta?

Kada ste kod kuće, u pozi žabe na leđima ili pozi kobre na laktovima, izmaštano narušavanje bračnih odnosa poslaće vas na sedmo nebo, oduzeće vam i to malo rezervisanosti, vatra će vam pržiti telo dok vam se glas bude pretvarao u urlik. Vaš seksualni život rado će ugostiti tog virtuelnog iznenadnog gosta, muškarca ili ženu, i ne postoji razlog da ih ne pozovete, pogotovu ako vaša mašta to želi. Na kraju krajeva, ko bi na to mogao da se požali? Vaš partner sigurno ne. Ako taj mali trik zadržite za sebe, neće biti ni potrebe da zalazite u detalje i prizivate ljubomoru.

Svaka žena koja kaže da osvoji džekpot svaki put, da svaki hitac pogodi u centar mete, ili laže ili nije normalna. Orgazam je bonus i normalno je da se ne doživi baš uvek. Nažalost, to se nikada neće promeniti. Jasno je da skala na termostatu ne može uvek da bude na maksimumu bez bojazni da bojler eksplodira, ali ako ruku držite na daljinskom upravljaču i kontrolišete temperaturu, sve je prosto kao pasulj, devojke!

Ljubav u toploj klimi

Ukoliko nemate partnera za seks, ili živite u Švedskoj ili severnoj Bretanji, možete preskočiti ovo poglavlje. U oba slučaja, ne morate da se borite s lepljivim letnjim seksom. Ali za vas ostale, evo mog saveta za izbegavanje poteškoća u vreme nesnosnih vrućina. U zavisnosti od broja godina koje ste proveli zajedno, imate nekoliko opcija, a svaka je vrela.

Upražnjavajte poze koje telesne kontakte svode na minimum, a erogene zone drže na maksimumu, to jest položaje u kojima mu naizgled okrećete leđa, a koji nesmetano dozvoljavaju da zaplovite u neistražene delove svoje mašte. Podignite noge, opustite leđa i zaigrajte. To bi bila neka vrsta prećutnog sporazuma, koji garantuje dobru investiciju.

Imajte pri ruci veliku čašu ledenog *perijea* i držite je dok se ne zaledite. Za one koji su pre za hranu, preporučujem sorbe od manga ili nekog drugog voća, uvek dobro dođe. Samo, ne zaboravite da sklonite ostatke, da voće ne biste skupljale i po krevetu.

Ali kada vam temperatura tela ponovo poraste, nijedno od vas neće odustati, bez obzira na temperaturu vazduha. Baš tako, samo napred! Ili se istuširajte neposredno pre, kako biste odložili trljanje grudi o grudi u momentu kada se vaša tela spoje. Kada klizanje postane opasnije, ubrzajte stvar. Skratite vreme. Sitnica od trideset šest stepeni neće vam zasmetati.

Možda ćete pomisliti da je previše toplo da biste izmešali svoje sokove. Ako je tako, pričekajte da temperatura padne, kako biste ponovo počeli da upražnjavate seksualnu aktivnost dostojnu tog imena. Šta god da je slučaj, pazite na ogledala u blizini. Feng-šui kaže da nije dobro kada u spavaćoj sobi imate ogledalo koje je okrenuto ka vratima, a pre svega, ono može da otkrije ono što biste najradije prikrili u ovim godinama. Pazite na ono što vi možda ne primećujete, a može se naći u vidokrugu vašeg partnera. Bez obzira na to ima li ogledala ili ne, u knjigama ljubavnih poza nikada nećete primetiti šlaufe. Bilo šta što svetli jače od plamena vašem partneru može pokazati sliku koja neće proći cenzuru. Ne zaboravite na svetlost, koja nikada ne može da bude dovoljno slaba ili dovoljno isključena. Savetujem da to bude neka mala lampa na noćnom stočiću ili mirisna sveća, koja će svetleti, a neće pokazivati ništa. Poenta je da sve bude u magli dima, ali samo figurativno.

P. S. Napomena mojoj deci: ovaj deo knjige poverila sam šašavoj luckastoj drugarici, jer kao što možete da pretpostavite, ja sam potpuno nesposobna da napišem ovako nešto, u svakom slučaju, nemam pojma o čemu ona priča…

Dobri prijatelji i laki ljubavnici

Dobri prijatelji su nekada i ljubavnici. U poređenju sa seksom u ljubavnim vezama, to mu dođe kao da poredite špricer i šampanjac, sličan loš odnos. Ovaj zabavni i sporazumni način druženja s laganim opuštanjem, koji jača prijateljstva, može biti zamena za dobar provod. Nema trzavica i niko nije povređen. Dobri prijatelji često se pronalaze na poznatom terenu i bili su u vezi i u mlađim danima. Život ih je odveo različitim putevima i nisu se viđali dugo pre nego što su se ponovo sreli.

Razni sociološki aspekti ohrabruju ovakve lagane veze: za neke je to nemogućnost vezivanja, za druge paraliza izazvana brutalnim razvodom. Ovakve vrste veza nisu obavezujuće, ne nude ništa novo, nema iznenađenja, nema lova. Pa u čemu se to dobra drugarica razlikuje od ljubavnice? Bivša uvek ima dobre namere: rizik je jedino u tome da se ne zaigrate i samo podgrejete mlaku vodu. Dok odnos ljubavnika i ljubavnice ima svoja pravila i zakone, laka igra može dovesti do rata. Taj odnos, overen pečatom na kojem piše „zajedno na dobrovoljnoj bazi", pređe u ludilo i pre nego što se nađete u situaciji da dobijete poruku: „Šteta, napravio sam juneći gulaš", a onda može da preraste i u krvavi rat, na primer, kao anonimni poziv ili pismo.

Kakav je vaš krevet?

Svi imamo nešto čega se stidimo. Znate na šta mislim: bili ste (samo jednom) s dasom za kojeg STVARNO niste želeli da se sazna („Je li ti to on rekao, a?"), kad jednog dana (pa, to je bilo jako davno), slučajno (nije bilo taksija) i s mukom (satima me je ubeđivao, ne mogu da ti opišem koliko se trudio) spustite loptu („Samo smo se našli na pravom mestu u pravo vreme!").

Spremni smo da nađemo bilo kakvo opravdanje („U stvari, nismo ni išli do kraja…“), izgovor („Popila sam previše vina.“) ili neko smešno objašnjenje („Svetila sam se onom krelcu jer je švrljao okolo!“). Neko će čak otići toliko daleko i sve poreći („Kunem se da se ništa nije dogodilo!“) ili će okrenuti na šalu („Ako se i dogodilo, ne sećam se!“). Samo zapamtite da se ništa ne može sakriti. Zbog čega? Jer je svet mali.

Kada kažem „svi mi“, mislim na žene, jer to ne važi i za muškarce. Nisam primetila da je ijednog muškarca bilo sramota što je svoje noge protrljao i o najružniju ženu iz komšiluka. Broj osvojenih žena, kakve god da su, muškarcu podiže status, dok žena gubi na ženstvenosti, izuzev u slučaju da se u njenom ulovu nalaze zvučna i dobro poznata imena.

To je strašno, znam, ali neki koje osvojite mogu i da vas uzdignu (Bred P., Džordž K., Bendžamin B., itd.), dok vam drugi obaraju status (srećom, nije sve za javnost). Slika o nama delimično se stvara i reckama na našem krevetu, kako u sadašnjosti, tako i u prošlosti. Tako, jednom kada procuri priča da ste bili u vezi s nekim ko je poznata ličnost, bilo da je to neko iz Holivuda ili političar iz provincije, počinju da pristižu pozivi, vaša popularnost raste.

Poznajem ženu pedesetih godina koja je slobodna, zabavna, sama i svima rado priča o svojim osvajanjima. U početku mi to nije bilo baš jasno. Ali kada mi je jedan prijatelj, veliko ime u politici, rekao da joj se vratio iako pre toga nije bio zainteresovan, shvatila sam da žena odlično igra tu igru i da ta imena koristi kao mamac.

Pre nekoliko meseci, misleći da možemo da izađemo i dobro se provedemo, ili pod (pogrešnim) utiskom da je i moj adresar pun poznatih ličnosti, predložila je piće u *Cvetnom kafeu* – kažem piće, a ona je odmah naručila flašu! Svako naredno ime koje je spomenula samo me je sve više rastuživalo: „O, stvarno, i s njim! A koliko dugo je to trajalo?" Iznenada me je pitala: „A šta je s tobom? Ko je najpoznatiji muškarac s kojim si ti spavala?" (Istina je, baš tim rečima.)

JA: Hmm…

ONA: Kako to misliš hmm?

Bilo mi je neprijatno što nijedna poznata ličnost nije završila sa mnom u horizontali, a njoj toliko patetično da sam i pored toliko alkohola u njenim očima zapazila nešto što liči na sažaljenje. Zatim je ispila svoje piće i rekla mi da je zaboravila zakazani sastanak i svoju torbicu.

„Vidimo se", pozdravile smo se dok je odlazila.

Nikada je posle toga nisam videla.

Bivši koji se ponovo javlja

U trenutku kada ste bacili omču oko čoveka svojih snova i kada želite da deo vaše prošlosti ostane pod velom tajne, uvek se iznenada i niotkuda pojavi neki bivši. Možemo da se uzdamo u Fejsbuk i Tviter da nam omoguće da su oni uvek tu negde i da možemo da ih izvučemo na površinu kada god to poželimo, ali ne volimo kad iskoče bez poziva.

Evo ga, u grupi zajedničkih prijatelja, sav nasmejan. Opazi vas i počne da viče. Prvi korak je napravljen. Njegov mig vam već ide na živce i molite se da, pred čovekom iz snova, neće pominjati prošlost. Ali kao što smo rekli, to je čovek iz snova, njemu to ne smeta.

Za razliku od njega, bivši je neko koga bi trebalo zbrisati s lica planete. Nekoliko rečenica je dovoljno da se prisetite razloga zbog kog je bivši. U mom slučaju, postoje dva-tri muškarca na koje sam pomalo ponosna i isto toliko (a možda i malo više) onih zbog kojih bih najradije tresnula glavom o zid i poželela da ih nikada nisam srela. U određenom periodu svog života imala sam zaista loš ukus.

Ali dajte, priznajte, svi imamo nešto slično u svojim biografijama, zar ne?

Bilo kako bilo, postoje dobri i loši bivši.

Dobar bivši je onaj s kojim ste vi raskinuli, ko je bio time pogođen, ali je ostao dostojanstven i uvek pomalo nostalgičan prema vremenu u kome su arogancija vaše mladosti i lepote dozvoljavali da ga kinjite.

Loš bivši je isti taj, samo sa čizmom na drugoj nozi. Možda nisam baš najjasnija, ali verujem da me ipak svako razume.

U slučaju dobrog bivšeg, raskid je bio mirno more: dva-tri znaka upozorenja, ne više, zatim večera na nekom lepom mestu, poklon na tanjiru, nekoliko komplimenata uz aperitiv i odjednom, s viljuškom na pola puta ka ustima, munjevit i čist rez, bez grubih ivica. Kad držimo sečivo u ruci, obično kažemo: „Zaslužuješ da budeš voljen", i ostavljamo onog drugog besnog što nije prvi potegao nož. A kada ponos i uvređenost izblede, možete postati i ostati prijatelji.

I deset godina kasnije, dobar bivši je još uvek tu. Odustali smo od napora da ga se rešimo, postao je deo nameštaja. Čak čoveka iz snova pozdravlja poljupcem u obraz. Na zabavama će ga čak poslužiti vinom. A čovek iz snova nije ljubomoran, što je svojevrsna sitna mana.

Porodični život

Pedesete su doba ponovnog porodičnog previranja. Neke stvari su razjašnjenje, ali neke još nisu. Deca su otišla, a roditelji su na moru. Ali glavu gore, ne dozvolimo da upadnemo u zamku nostalgije.

Gde su otišla naša deca?

O, duše iz lampe, želim da me vratiš dvadeset pet godina u prošlost, u školsko dvorište (i ovog puta da ne zakasnim!).

Plačem, smehom, vriskom, bukom i svojim prisustvom, da ne pominjem crteže, godinama su ispunjavali dom. Da li smo im, dok su bili mali, dovoljno puta rekli da ih volimo? Uvek smo ih prekorevali zbog sitnica: „Isključi televizor, prestani više da igraš te igrice, dosta je slatkiša, prestanite da se svađate…“

Kakvo je to olakšanje bilo kada, ponedeljkom ujutru, stigne dadilja ili kada ih odvezemo u školu! Briga o dvoje male dece, nakon naporne i stresne nedelje na poslu, bila je prava muka. Sećam se da sam tada želela da vikendi budu kraći, a noći duže. Morali ste da idete u park, da ih držite na oku, lepo ih obučete, smislite čime bi se zabavili, organizujete lutkarske predstave… Više bih volela da sam mogla da se viđam s drugaricama, odem u šoping, uzmem časove plesa ili da jednostavno lenčarim. Tako da smo morali da pregovaramo s očevima i da neprestano gledamo u sat. Još malo pa će se probuditi, evo ih opet.

A onda, jednog dana porastu i odu. Tek tako.

Čak smo im i mi svesrdno pomagali u tome, ali kao što je uvek slučaj, govorili smo ono što ne mislimo, pretvarajući se da nam je drago što odlaze. Odjedanput kuća postane prazna, nema više njihove larme i počne da nam nedostaje ono što nas je do tada nerviralo. Sa sobom odnesu i svoju muziku, nered i smeh.

Od tada ceo život jurimo za njima i nalazimo razloge kako bismo se videli. Predlažemo razne stvari, od različitih proslava do putovanja na sve udaljenije destinacije. Nalazimo razloge samo kako bismo provodili vreme s njima. Oni nas počaste s malo svog vremena, ali sada su oni ti koji gledaju na sat. Stalno su u žurbi u životu koji žive bez nas. Ne možemo čak ni slovo da kažemo. U najboljem slučaju, informišu nas jednom nedeljno.

Šta uraditi s tolikom ljubavlju koja našoj deci više nije potrebna i postaje im teret?

Neki roditelji nabave kuče ili mačku, ljubavnike ili počnu da uzimaju lekove. Većini nas treba vremena da se naviknemo na njihovo odsustvo i samo povremene posete.

Nakon nekog vremena, naviknemo se na novi ritam i rituale. Naša deca ne shvataju koliko nam to znači, ali mi ih i dalje čuvamo kao kakav dragi poklon. Davno je prošlo ono vreme kada bi deca u flanelskim pidžamama došla da pozdrave goste pre nego što odu na spavanje. Mogli bismo da pričamo i o problematičnoj deci, ali kada je jedna majka počela da baca drvlje i kamenje zbog ponašanja svog potomka, sve ostale su se nadovezale svojim pričama, uz olakšanje što nisu jedine koje su prosečno dobro odigrale ulogu majke.

Ja volim da kažem da sam uradila sve najbolje što sam mogla. Ali ipak je istina da sam ponešto mogla i bolje.

Možemo li da se vratimo malo unazad?

Dala bih sve za jednu lutkarsku predstavu u parku. Sada imam dovoljno vremena za to.

To nije moguće, kažete?

Naša deca su sada daleko, ali prisutna su u mislima. Ona su uvek tamo. Kada nas ljudi pitaju šta planiraju, ponosno pričamo o svim njihovim dostignućima, iako uvek dobijamo veoma mlak odgovor: „Aha, fantastično, baš lepo…“

Prećutkujemo ono što bismo prigovorili i izbegavamo da kažemo da bismo voleli da nas malo češće pozovu, bez razloga, čisto da pitaju kako smo i ništa drugo.

Ne, ujedemo se za jezik.

A kada smo mi poslednji put pozvali svoje roditelje?

Kako se nositi sa starenjem roditelja

U nekom momentu naših slavnih pedesetih, periodu velikih promena za većinu nas, od kojih nam mnoge tek predstoje – razdvajanje, razvod, zalazak karijere, deca koja odlaze iz kuće, ljubavnici koji dolaze i odlaze, itd. – nađemo se u situaciji kada moramo da se pobrinemo i za naše roditelje.

Pre tridesete, roditelji se brinu o deci, a posle tridesete, deca o roditeljima. Srećom po nas, a i po njih, ponekad godinama žive odvojeno. Ali šta raditi kada stvari krenu nizbrdo? Smestiti ih u dom, obezbediti im dvadesetčetvoročasovnu negu kod kuće ili se obratiti Centru za socijalni rad? Osim ako ne obezbedite malo prostora za baku i deku i ne napravite im spavaću sobu u prizemlju. Kao deca, dužni smo da se staramo o njima. Ali to postaje porodični problem, jer ukoliko se nemoćni roditelji presele kod vas, to može da se pretvori u ružan san (s retkim izuzecima), pa i da vaši svekar i svekrva dožive noćnu moru (bez izuzetka).

Uz malo sreće, svekrva vam je bila dobrodržeća i brinula se o vašoj deci dok su bili mali, a uz malo više, nikad nisu živeli s vama. Ako neko misli da sam odvratna, molim vas, recite mi kako stvari stoje kod vas. Ah, tako sam i mislila, nisam vas mnogo dirnula.

Blago vama ako imate mnogo braće i sestara, kao i dobru finansijsku potporu. Ako je tako, postoje mnoga rešenja. Treba da sazovete porodični sastanak, pronađete rešenje i donesete odluku.

Ali šta uraditi kada to nije slučaj? Šta normalni ljudi tada rade?

U svakom slučaju, ako ste napunili pedesetu ili ste je pregazili, matematički govoreći, vaši roditelji nisu baš u najboljoj formi. Ili je glava, ili su noge, nekad i jedno i drugo. Dakle, u pomoć zovemo svu našu dobru volju i ćutke preživljavamo njihove patnje.

I ovde ja ostajem bez reči. U redu je šaliti se na račun ljubavi, starosti, bora, celulita i pedesetih, ali teško je pronaći humor kada su u pitanju naši ostareli roditelji.

Svakodnevno im je potrebna neprestana zdravstvena nega, a kada jednom dođe kraj, ume da bude veoma dug i iscrpljujući. Morate da izbacite sve loše misli iz glave i prihvatite da morate da posmatrate njihov fizički i mentalni pad, nemoćni da bilo šta preduzmete.

Jednog dana, potpuno se promenio način na koji sam gledala na svoje roditelje. Prestala sam da imam strah od njih, prestala sam da ih žalim i nisam želela da ih osuđujem za sve što su me naučili ili prisiljavali da radim. Gledam ih onakve kakvi zapravo i jesu: stari, slabi i bespomoćni, žive u prošlosti i uvlače u nju sve s kojima razgovaraju. To konstantno vraćanje u prošlost postepeno briše sadašnjost, koja se pojavljuje samo u onome što se dešava u njihovom neposrednom okruženju: „supa od povrća je spremna… mačka je na terasi… kornjaču nismo videli tri dana… jutros je svratio moj rođak, jedino je još ona ostala živa… svi moji prijatelji su pomrli“. U novinama prvo pročitaju umrlice, čisto da bi bili u toku, a sahrane su postale jedini vid njihovog društvenog života. I tako, odemo da ih posetimo zbog njih, a i zbog naše savesti. Slušamo ih, ili se pravimo da ih slušamo, ali revanširamo im se za vreme koje su oni posvetili nama. Međutim, vreme sporo prolazi dok se gaze vode prošlosti. Kada imamo više volje da ih pratimo, pokušavaju da nas ganu, ali nažalost, nemamo je često.

Osećamo se bespomoćno kada se suočimo s olupinama njihovih života. I tako smo daleko. Nikada ne pričaju o nama, o onome što smo bili, u šta smo izrasli, pričaju samo o sebi. Mi smo samo njihova slika i prilika nad kojom više nemaju kontrolu. Iznenađeni smo njihovim ciničnim pogledom na smrt, prema kojoj su banalno ravnodušni.

Kako im praštamo za neuspehe, kako im objasniti sve ono s čime smo pokušavali da se izborimo ležeći na krevetima silnih psihijatara ovog sveta? Kako učiniti da nas sećanja manje bole? Kako imati samo poštovanje i zahvalnost?

U pedesetoj bi trebalo da živimo u miru sa svojim roditeljima. Nema više prebacivanja i optužbi za neuspehe, to više nisu naši roditelji ako…

Jer u pedesetim, za SVE smo sami krivi.

Burni ljubavni život nije rezultat našeg vaspitanja. Nema sumnje da ćemo, u trenucima slabosti, njih kriviti za naše neuroze i isporučiti im račun s prevelikim porezom na nasleđe.

Kada na mene dođe red, molim vas, smućkajte mi neki koktel lekova da mogu sama da odaberem momenat kada ću otići (gde da potpišem za to?), ako bude bilo potrebe, ili još bolje, donesite mi dovoljno jake tablete da mogu u miru da sklopim oči. Ali starački dom: NEMA ŠANSE! Srce mi se cepa kada vidim svoju jadnu majku u invalidskim kolicima, iako se čini da je veoma zadovoljna i srećna dok slika ili pravi lutkice sa svojim drugaricama, koje nisu u ništa boljoj poziciji.

Nadam se da ću, bez obzira na to da li ću sa osmehom na licu juriti svoj rep ili zmaja, imati snage i volje da pišem blogove i o radostima osamdesetih.

Pomirite se sa svojim roditeljima tako što ćete im reći da ih volite

Prošle godine otišla sam da posetim oca, u selu u kom živi osamdeset devet godina. Otkako je mama smeštena u dom, borio se da prihvati samoću. U njegovim ponekad nepovezanim rečima, mogla sam da osetim ljutnju koja dolazi i prolazi. Kako je bio neko ko u životu nije imao ni radosti ni optimizma, te posete bile su pravi izazov. Nikada se nismo dobro slagali. Nikada nisam mogla da ostanem duže od četiri dana, i kad god sam mogla, gledala sam da izbegnem porodična okupljanja.

Tog dana, čim je izašao sa svojim uobičajenim kriticizmom, umesto da se sklonim, prišla sam mu i tiho mu rekla na uvo: „Tata, volim te."

Zašto sam to rekla? Šta mi je bilo?

Činilo mi se da je to bio jedini način da se uzdrži od svoje tirade.

I znate šta? Uspelo je.

Prekinuo je. Naredni trenutak protekao je u tišini.

Zatim me je pogledao, kao u nekoj magli, zagrlio me i rekao uz uzdah: „Ali zašto mi to ranije nisi rekla, MAMA? Zašto?"

Mogla sam da ga prodrmam, da ga podsetim da sam ja njegova ćerka, a ne mama, ali njegove reči otkrile su nešto drugo, što me je potpuno ostavilo bez teksta. Kao da su se odjednom pojavile slike čitavog života, detinjstva željnog ljubavi, njegove, moje, nemogućnosti da idemo dalje jer nismo znali kako. Ostala sam zaprepašćena.

U istom tom trenutku pomislila sam na svoju decu i bila sam ispunjena naletom ogromne ljubavi prema njima.

Duhovna strana

Danas je moda da morate biti čvrsto usidreni u sadašnjosti i u potpunosti je doživeti. Ako je verovati svim psihološkim časopisima, novokvalifikovanom životnom treneru ili dobrom prijatelju koji vas savetuje, živeti svaki momenat je vrhunac ličnog unapređenja. Treniramo sebe da postanemo kompaktna masa koja diše i živi zajedno s umom koji u celosti prihvata svoje emocije, patnju i biće.

Pa ipak, u tim intimnim ili meditativnim trenucima, ono malo što bismo rado uradili čini grešku koja zaglavi sistem. Trudim se da sortiram svoje emocije i spakujem nedavne događaje koji se, po hijerarhiji, visoko kotiraju. Pokušavam da mislim pozitivno, što je više moguće, a da ne letim visoko. Uzalud.

Iskustvo s meditacijom

Sedeli smo u restoranu, u kojem su nas usluživale dve lepe Peruanke, koje su studirale u Norveškoj. Na meniju su bili losos i lekcija o meditaciji. To mesto preporučio je ženski magazin, a naročito za okupljanje uticajnih ličnosti radi promovisanja knjige s čudnim i nametljivim nazivom *Zauzeti svoje telo*.

Priznajem da nemam baš neko mišljenje o meditaciji, kao ni o ozbiljnim zaokretima, u kojima nije baš jasno šta se sve stavlja na kocku, ali pristala sam i bila pristojna zbog druga koji je želeo da me upozna s tim iskustvom.

Sedela sam mirno i uspravno, s rukama u krilu, i pažljivo slušala. Pokušavala sam da spustim svoje podignute obrve i sve do kraja, ne menjajući položaj, sedela sam na ivici da puknem od smeha.

Ono što je prepoznatljivo kod svih pristalica meditacije jeste to što je ona nespojiva s bilo kojim oblikom humora.

Niko tu nije došao da bi se smejao. Došli smo tamo da bismo spoznali svoje senzacije, osetili svoje i prisustvo drugih ljudi u prostoriji. „Možete li da ih osetite?“, pitao me je učitelj meditacije. Ugrizla sam se za jezik, u nadi da će stati na tom pitanju. Kako su ostali uopšte uspevali da se uzdrže od smeha?

Tokom seanse učitelj je nepomično gledao u jednu tačku, tražeći od nas da činimo isto. Imao je žute cipele, koje su se uklapale uz jaknu. Pitala sam se ko to prodaje žute muške cipele, a još gore, ko ih kupuje? A taj odgovor mi je bio pred očima, na njegovim nogama.

I to je bilo to, misli su počele da mi lutaju, gubila sam um. Povratak ne bi bio lak, pogotovu da sam nastavila da buljim u tu zamišljenu žutu tačku. Učitelj je imao ime koje je ličilo na naziv nekakvog leka. Taj detalj je bio veoma uverljiv. Napisao je nekoliko bestselera i osnovao prilično uspešnu školu meditacije, gde možete upisati i šestodnevni kurs pod nazivom *Kako zavoleti ljubaznost*. Imao je neki urođeni autoritet, koji nije dozvoljavao nikakve argumente. Kada ga je jedna jadna žena pitala koja je svrha te meditacije, dobila je mandalu pravo među oči.

„Shvatate li koliko ima nasilja u vašem pitanju?“, odgovorio joj je.

Duga pauza.

„Zašto mislite da treba da ima svrhu? Zašto bi bilo šta moralo da ima svrhu? Zar ne možemo da se oslobodimo te utilitarističke strane stvari? Ne pokušavajte da koristite meditaciju za ispunjenje ciljeva, jednostavno uživajte u meditaciji!"

Kraj pitanja. Povratak meditaciji.

Rečeno mi je da zapamtim te reči, da prihvatim svoje emocije, da istražim svoju misaonost, da pozdravim svoje telo. Vođena njegovim glasom, uradila sam sve kako mi je rečeno. Postala sam deo morske trave, nosila me je struja, bacala sam uzde i puštala svoj um da leti. Moje emocije su se rastopile i nisam mogla a da ne donesem neke zaključke. Razmišljala sam o njegovim najprodavanijim knjigama, školi, seminarima, ugovorima o korporativnim treninzima, možda i o nečemu u vezi s tim, zašto da ne i o marketingu, dokumentarnim filmovima, licencama, majicama... Sve je počinjalo s mentalnom koncentracijom, a završilo se sa opsežnim poslovnim planom. Nisam želela da to koristim za svoje ciljeve, ali svejedno, stekla sam utisak da je učitelj neki bivši biznismen koji sad surfuje na talasima.

Slatkiš se pripremao da izdrži naredni dan posta, a nije znao da ćemo isto to veče slušati prvi deo specijalne knjige o meditaciji.

Htedoh da predložim da ujedinimo naša tela s ljubavlju.

Verujem da bi pristao.

Predavanje je trajalo samo pet sati. Verovatno će nakon toga biti dovoljno vremena da smislimo neki poslovni plan.

Kloe, serijski ljubitelj na višem nivou

Kloe je neko ko bi pristupio bilo kojoj otvorenoj duhovnoj organizaciji ili zajednici. Impresionirana sam njenim sveprisutnim misticizmom. Kako li je dosad izdržala da ne pristupi nekoj sekti? U stvari, imala je nekoliko pokušaja, ali neuspešnih. To je moja stara prijateljica, koju obožavam, za koju ću uvek biti tu, ali sam malo sumnjičava kada su u pitanju njeni alternativni pravci. Pre neki dan, na primer, rekla mi je da u subotu uveče ide na žurku. „Ko pravi žurku?“ – to je logično pitanje među prijateljima, koje obavezno sledi nakon takve objave. „To je žurka s meditacijom“, rekla mi je.

„Super! A šta se tamo radi?“ Idu u šumu da zahvale drveću. Razgovaraće s univerzumom. Ideja je da pronađu ravnotežu, a sutradan će već znati šta im je univerzum poručio.

Aha, OK.

Baš u pedesetim stekla je neograničen pristup svojim duhovnim potrebama. Oduvek je bila verni sledbenik raznih mističnih i religioznih pokreta. Godinama je bila obuzeta potrebom da učestvuje u nizu verskih obreda (baš kao i s drvećem), ali samo privremeno, što je bilo slično ljubavnim aferama. Kad god bi se u njenom životu završilo neko poglavlje, kao da se odmah pretplaćivala na nešto novo.

Tako je dosta dugo bila pristalica judaizma. Proučavala je Toru, poštovala sabat, izbegavala kozice i jela samo košer.

Naravno, njena prvobitna inspiracija bila je direktna posledica toga što je delila krevet sa mladim Jevrejinom. Bio je baš zaljubljen u nju, ali nije imao hrabrosti da joj prizna da njegovi roditelji nikada ne bi dozvolili da se oženi ženom druge vere. Nakon mnogo godina zajedničkog života i rabinskih studija, neposredno pre dogovorenog braka, nestao je i ostavio moju prijateljicu neutešnu, ali samo privremeno. Među raznim ceduljicama, koje je počela da pretresa, naišla je i na pismo svoje nesuđene svekrve, u kojem ona piše svom sinu da je vreme da objasni jadnoj devojci da samo traći njeno vreme. U pismu su se čak navodile i razne bračne ponude.

Sledeća važna promena bio je vreli ali slabo korišćen katolik. Kako nije bila krštena, problem je rešen s nekoliko časova veronauke. Odoše Roš hašana, Sukot, hanuka i ostalo, a uz bdenje dočekasmo Jevanđelje Jovanovo i duhovne zavete koje je organizovala njena parohija. Čak mi je predložila da pođem s njom na hodočašće u čast milosnih majki. Tri dana hodanja, zajedno sa svakodnevnim misama, pomirenjima, meditacijom i brojanicama. Na kraju, sve se završilo noćnim klanjanjem. S obzirom na moj drugačiji pristup, religiozno vaspitanje i radoznalost, možda bih i pristala, ali tri dana, čoveče...

U isto to vreme, saznala sam nedavno kada sam otkrila neku vrstu kuće lutaka, smeštenu usred njene dnevne sobe, da je Kloe bila malo i budista.

„To je moj oltar“, objasnila mi je.

O, da, naravno, to je, znači, oltar.

„To je posvećenost mojoj prosvetljenoj duši. Upravo sam se prijavila da učestvujem u obnovi svoje duhovnosti u budističkom centru. Hoćeš li sa mnom?"

Dok hoda po kući, Kloe neprestano izgovara svoju mantru *Nam myoho renge kyo*. Njene ćerke tinejdžerke, koje su inače navikle na sve to, smeju se kad god je vide da to radi.

„To je Lotus sutra", objašnjava im ona. „Moć molitve nad umom. Slično je narkomaniji, ali ne trebaju ti antidepresivi ili vino."

Mislim da ću se i dalje držati vina.

U potrazi za smislom

Kada stvari koje su nam nekad oduzimale dosta vremena – deca, veza, posao i slično – više ne budu deo našeg života, normalno je da im, u strahu da ne uđemo u vakuum, nalazimo zamenu. Vraćamo se starim navikama i izmišljamo neke nove: baštovanstvo, usvajanje dece, pisanje romana, društvene mreže, savremenu umetnost, nastavak obrazovanja, novu strast, ali i religiju, pod kojom podrazumevam baš sve duhovno.

Izbor koji je Kloe napravila, na primer, oslikava želju da pripada nekoj zajednici, u kojoj je pronalazila porodičnu strukturu koja joj je nedostajala. Svako ima svoj razlog.

Nije neuobičajeno da se ljudi, kada dođu u pedesete, okreću religiji. Vraćamo se tad u crkvu, sinagogu ili hram, koje smo pomalo zapostavili u vreme dok smo podizali porodicu. Oko mene ima mnogo takvih primera.

Dok sam bila mala, nedeljna misa bila je nešto poput jeftine varijante čuvanja dece. Majka bi me bez razmišljanja poslala tamo, a u međuvremenu bi ona ofarbala kosu, pripremila ručak, zakrpila čarape... A ja, u velikoj crkvi u malom rodnom selu, sat i petnaest minuta klečim uz ime moje bake uklesano u mermernu ploču i nabrajam svoje sitne grehe. Sanjarila sam dok sam gledala u Madone, visokim glasom pevala na latinskom, a pojma nisam imala šta te reči znače, i na kraju glumila da u činiju ubacujem novčiće koje mi je majka dala. Kao i svaki grešni lopov, taj novac sam trošila da ispunim svoj san i kupim brdo slatkiša. Ovo ne baš prihvatljivo ponašanje u katolicizmu ostavilo je mnogo utisaka na mene i rodilo kreativnost podstaknutu tim vremenom u kojem mi je glava bila u oblacima. Za mene je misa bila neka vrsta prozora koji je gledao u slobodu.

Nakon toga sam upala u crnu rupu i postala ravnodušna prema bilo kom vidu religije. Ali sada sam napravila mali pakt s duhovnošću uopšte, a posebno s mojim matičnim katolicizmom. Neću se uplitati u detalje svoje vere, osećanja, mira i spokojstva koje osetim u svakom pokretu kada se nađem na pravom mestu.

Ovde u Parizu sećanja na moje detinjstvo blede, a slična iskustva doživljavam na malo drugačiji način. Prošle nedelje, kada sam s jednom prijateljicom otišla na misu, zatekla sam dvojicu sveštenika oko četrdesetak godina, koji su bili vrlo razdragani i pritom odlični govornici. Služili su duhovitu i nadahnutu propoved, i to bez slušalica i beležaka, na šta bi bio ponosan svaki učitelj propovedništva. Kažu da su crkve napuštene i da interesovanje za veru opada. Možda, ali ima mesta na kojima se, u nedelju ujutru, uz mir božji, morate boriti za stolicu.

Sa mise se uvek vratim čiste duše, bez nervoze, puna optimizma i pokajnički nastrojena... i vratim se u gradske četvrti koje ne poznaju koncept krivice.

Skoro, baš pre nego što sam upoznala Slatkiša, kada sam bila uplašena od samoće, ponovo povređena od muškarca koji nije želeo da nastavimo zajedno, pod uticajem prijateljice koja je delovala srećno u društvu svojih štapića s tamjanom i večernjim mantrama, poželela sam da unesem malo više duhovnosti u svoj život.

Bez ideje kome bih se zapravo molila, u glavi sam istraživala različite religije i njihova mesta bogosluženja. Vrlo brzo sam donela odluku i nikoga neću šokirati kada kažem da su neke religije poželjnije od drugih.

U početku sam imala želju da isprobam duhovno povlačenje, a Ama ašram je bio najprivlačnija opcija. Dopala mi se ideja da se obučem u belo i pronađem boga u zagrljaju neke Indijke. Na kraju sam zaista otišla u Keralu, ali sam odsela u hotelu na plaži, gde sam se na svoj način borila s depresijom.

Zadovoljstvo koje nalazimo u malim stvarima

Zašto tako lako postajemo nesrećni kada su nam sitna zadovoljstva nadohvat ruke? Trebalo bi da se svakog dana fokusiramo na sitnice iz naše okoline i da ne propustimo ni najsitniji detalj. Tu na videlo izlazi vežba, koja nas uči kako da napravimo zalihe. Slika nekog događaja korisnija je nego što se možda čini. Kada me uhvati neki grč u stomaku, koji ne popušta, pokušavam da pronađem zadovoljstvo u sitnim i skoro nevidljivim stvarima oko sebe.

Divim se svitanju, uočavam neke detalje koji su mi nepoznati (gde sam to već videla?), koncentrišem se na ukus hrane i ljubavi, uživam kada me prodavac pita: „Želite li još nešto?“, budu mi interesantne rukavice koje japanski turisti nose na stopalima, dopuštam da mi pogled luta niz ulicu, odlučujem da upijem pejzaž koji ću pamtiti do kraja života, prepuštam se posmatranju, uživam u lepoti. Svakog dana se trudim da zabeležim neku lepu stvar. Ili dve.

Budite zadovoljni onim što vam život pruža, a pre svega, vrednujte dobrotu drugih. Opažajte sve, jer evo, baš dok ovo pišem, tinejdžerka koja trenutno živi s nama donela mi je šolju japanskog čaja i nekoliko čokoladnih kolačića. Nije morala, i baš zato me je i dirnula pažnjom. A opet, nije ona za džabe Slatkiševa ćerka.

Slično tome, moja prijateljica Kloe, koja muževe i religije menja kao čarape, rekla mi je da je ispunjava kada na ulici deli osmehe.

„Kako to misliš da deliš osmehe? Kome?"

„Pa, ljudima pored kojih prolazim. Trebalo bi i ti da probaš, dobrota daje snagu. To je način da izraziš svoju zahvalnost svetu."

Kloe je veoma zgodna žena i deluje mi zabavno kada zamislim do kakvih sve nesporazuma može da dođe kada se bez razloga osmehne nekom muškarcu na ulici.

Da li je to dobra ideja u današnje vreme, kada su zlostavljanja i silovanja svakodnevne udarne vesti? Mislim da još nisam spremna da isprobam baš sve što druge ljude ispunjava...

Moda

O, duše iz lampe, učini da uvek nosim isti konfekcijski broj, kako bih mogla da zadržim svoj Diorov komplet, koji sam jednom davno papreno skupo platila prvog dana rasprodaje.

Kako sortirati garderobu u ormanu

Na naš stil oblačenja utiču tri faktora: štampa, ulica i prijatelji. Dodajte ovome još dva: naš budžet, koji sve to čini mogućim, i način na koji vidimo sebe.

U pedesetim se drugačije odnosimo prema našem telu i garderobi koju smo nosili kada nam je bilo dvadeset ili trideset godina. Sada bi sa pravom trebalo da se zapitamo da li da uopšte nosimo farmerke, mini-suknje, čizme iznad kolena, brusthaltere bez žice, majice sa otvorenim leđima (bez brusthaltera)…

Ko će nam reći da je to vreme prošlo? Dobra drugarica? „Izvini, dušo. Duboke čizme i mini-suknja su loš izbor kada pređeš četrdesetu i kada više ne možeš da uđeš u broj 38."

Ko može da vam dâ objektivan i pravi prijateljski savet?

U nekom trenutku, ili postepeno, svi mi žalimo za garderobom koju smo nosili u mladosti. Ali veoma je teško odoleti svim tim španskim i švedskim modelima, kojih je pun orman, a koje skoro nikada ne oblačimo!

Sada se kupovine baziraju na svakodnevnim kreacijama, koje kombinujemo s našim antikvitetima. S godinama su se, poput mulja, taložile u našim ormanima i nismo znali ili nismo želeli da ih se rešimo. Sva ta nepotrebna garderoba, koja je izašla iz mode i s kojom ne znamo šta bismo, tu je samo da nam osveži uspomene. Kako se odreći kompleta koji smo dobili na poklon 2002. godine i za koji smo sentimentalno vezani? Ili pantalona broj 42, koje smo dobili za trideseti rođendan i nadamo se da ćemo jednog dana opet moći da uđemo u njih i normalno dišemo?

Treba naterati sebe da se rešimo garderobe koja više nije prikladna našim godinama i novoj modi, i da zaboravimo na siluetu koja je počela da se širi s novonastalim poslovnim okolnostima.

Ali kako?

To nije nimalo lako.

Moramo se naterati na to!

A to će nas spasti pogrešnog izbora garderobe koja više nije u skladu s našim godinama. One koju više ne nosimo, ali koja se ne da izbaciti, već ostaje da visi na vešalicama.

Prodaja je najbolje rešenje. Ubićete dve muve jednim udarcem. Ispraznićete orman i zaradićete nešto novca. Zašto ne biste dodali malo u svoju kasicu? Specijalizovani sajtovi otkupiće vašu garderobu. Dobro, ne baš svaki komad: pripremite se za neurozu kada ponudite svoj omiljeni i nekada papreno skupi Kenzov komplet, a on bude odbijen s ljubaznom porukom koja otprilike glasi: „Ne možemo prihvatiti vašu ponudu jer artikal nije u skladu s potražnjom." Drugim rečima: „Nismo zainteresovani za tu starudiju." Problem je samo što za onlajn-prodaju garderobe treba vremena. Treba da je fotografišete, opišete svaki komad, odredite cenu, a pre toga da uporedite sa sličnim u ponudi, i da čekate. Za one koji su lenji, bacanje je jednostavnije rešenje. Napunite plastičnu kesu od 100 litara svojom starom garderobom i prosto je izbacite napolje. Ali vodite računa, ovo ume da bude i ishitrena odluka, zbog koje možete da zažalite.

To i jeste razlog zbog kog sve čuvamo, da se ne bismo posle kajali. Dakle, da bismo se oslobodili svoje stare garderobe, najpre moramo da se oslobodimo ideje da ćemo se kajati. To vam je isto kao i kad govorimo o ljubavi. Dajte je! Rešite jednom i dajte je! Nekoga ćete usrećiti, a uvek je lepo čuti da vam je neko zahvalan. Ili je odnesite u podrum ukoliko mislite da ćete je ekshumirati jednog dana, kada konačno smršate ili odlučite da je nekome poklonite.

Kako vreme prolazi, primećujem da sam sve manje zainteresovana za kupovinu, i sve manje nestrpljiva da dočekam rasprodaju – uopšteno, sve manje uživam u šopingu. U stvari, sve češće kažem sebi: „Vidi, rasprodaja je sezonski znak da vreme prolazi.“ Ali uprkos mom nadljudskom trudu da se rešim svoje garderobe, nastavljam da menjam stvari i zbunjeno gledam u svoj orman, koji jedva zatvaram i koji samo što se nije raspao.

Zašto siromašimo planetu proizvodeći vunu i pamuk, ako nosimo istu garderobu? Danas se moda, uglavnom, vrti ukrug. Imam dva-tri veoma jednostavna kompleta, u kojima se lepo osećam. Jer u ovim godinama, ne znam da li sam pronašla sebe, ali znam šta mi dobro stoji i šta volim da nosim: farmerice, majice i džempere. Materijal i dužina rukava zavise od temperature i potpetica, a ne od toga koliko dugo planiram da hodam.

Pedesete u bojama

Kozi je najšarmantnija pedesetogodišnjakinja koju poznajem. Dobro izgleda, zabavna je i nasmejana, njen humor i duhovitost podižu atmosferu na svim zabavama. Oduvek sam smatrala da je njen humor posledica lepog ponašanja, ljubaznosti i jedinstvenog pogleda na svet. Ne buni se, ne prigovara i nikada ne kritikuje. I još nešto: uvek se oblači u vesele boje.

Živimo u vreme kada crna ima primat i moram priznati da i sama vrlo često, verovatno zbog lenjosti, upadam u tu zamku. Ona hrabro nastoji da izrazi svoj jedinstven i vedar duh. Nosi svetle i vesele boje. Na rasprodaji se prvo uhvati za svetlozelenu kabanicu, žute pantalone, roze džemper ili indigoplavu jaknu, to jest za ono što niko ne kupuje. Kaže da boje čine da zasija, da je to tajna njenog veselog izgleda, da tako možemo da je primetimo izdaleka i da ne možemo da je zaboravimo.

Garderoba u boji nije baš uobičajena, sem ukoliko se ne radi o Kozi… i kraljici Elizabeti.

Šta se može naći u pedesetogodišnjakinjinoj fioci za donji veš?

Moja majka je u pedesetoj već nosila pojas. Imala je i ogromne gaće, koje su joj dosezale do pazuha i koje su meni bile veoma čudne. Viđala sam ih kako vise na terasi, lelujaju na vetru i pitala sam se da li ću i ja nekada morati takve da pokazujem svojoj deci, mužu ili ljubavnicima. Taj detalj mi je govorio da ih ona sigurno nije imala.

U današnje vreme, neke žene u pedesetim i dalje nose tange, iako su im neudobne – što definitivno jeste karakteristično za tange. Ipak, nose ih samo u određenim prilikama: na igrankama, ispod belih lanenih pantalona ili uskih haljina uz telo... Paradoks je to što tange dolaze do izražaja samo kada se mogu videti, nazreti ili, još bolje, zamisliti, iako je prvobitna ideja bila da njima prikrijemo trag gaća ispod garderobe, što se, među nama rečeno, može postići i sa broj većim bunarkama.

Što se tiče grudnjaka, mojim mladim očima izgledalo je kao da moja majka nosi malo šatorsko krilo, ali možda se meni u tim godinama sve činilo većim nego što jeste. U svakom slučaju, nije bila tako nedodirljiva kako bi se moglo zaključiti po njenom donjem rublju. Svi ti kupasti delovi bili su manje-više u boji kože, s kombinacijom sjajnih i mat materijala koji podsećaju na drvo. Mama, izvini što iznosim intimne detalje tvog *zakuni se da nikom ne kažeš* – razumeće svi oni koji su rođeni 1950. ili 1960, kao i svi fanovi Madone i Žana Pola Gotjea... Pretpostavljam da je ta jednolikost bila posledica malog izbora u provincijskim prodavnicama.

A kako danas izgledaju naši grudnjaci?

Najpre jedno zapažanje: bez potrebe za implantima, lepo smo se razvili u razmaku od nekoliko godina. Osim sportskih tipova, anoreksičnih ili onih kojima je vetar oduvao jedra zbog romantičnih ili hirurških iskušenja, sve žene starije od pedeset godina mogu se pohvaliti veličinama od A do B ili od B do C. U određenom smislu, retko ko bi se požalio na to, a mi (kao i naši roditelji) tu promenu doživljavamo kao prednost.

Moja fioka s donjim rubljem ukazuje na moje ćudi, kao i na ostatak moje garderobe: devedeset posto toga su fenomenalni čipkasti setovi, od kojih nijedan nije posebno udoban. To su one stvarčice koje volimo (to jest on voli), ali koje uopšte nisu prijatne da se nose, barem ne tokom dana. Rezervisane su samo za posebne prilike. Ostalih deset posto je za nošenje, ali uopšte nije za gledanje. Baš nalik ljudskom mozgu! Iz fioke koristim samo deset posto, a ostatak služi samo za ukras.

Moje svakodnevno donje rublje su pamučne gaće, koje kombinujem s mekanim grudnjakom velikog broja, koji sve drži pod kontrolom. Rezultat: sise dobro stoje i nema vidljivih nedostataka.

Milen Deklo

Lepota

O, duše iz lampe, nek budem prva koja će saznati za novine u kozmetici, ali nek to bude što kasnije.

U dvadesetoj, prvo što ljudi primete jeste svež ten i zategnuta koža oko očiju. U pedesetoj, vaša duša, pogled, šarm i duhovitost postaju važniji. Humor, ljubaznost, vedrina, nežnost, inteligencija, sposobnost da saslušate nekoga, baš kao i prirodnost i sloboda, imaju veliku moć da ublaže starost. U pedesetoj izgled našeg lica je rezultat onoga što smo preživeli, u kombinaciji s trenutnom situacijom. Oni koji nisu uspeli da izbegnu sunčanje i duvan plaćaju visoku cenu, dok ostali mogu da čestitaju sebi na tome što su se zaštitili i nikada nisu pušili.

Osim toga, mislim da moja koža izgleda mnogo bolje nego što bi izgledala da nisam potrošila gomilu para, s kojima sam mogla da kupim stan u centru Pariza, na kozmetičke proizvode. Ali kako vreme prolazi, sve manje mi je žao zbog toga. Što se mene tiče, upotreba raznih krema se i te kako isplatila. Kada suvu površinu održavate vlažnom (na primer kožu), ona ostaje elastična. Baš zato svakog dana mažem preparate, koji bi se mogli nazvati i mastima koliko su gusti i kremasti. Tapkam se i mažem i zalepiću se za vas ukoliko me poljubite pre deset sati ujutru, ali šta ću kad volim da mi je koža hidrirana.

Jednog dana doživela sam otkrovenje. Ne, znam na šta mislite, nisam pronašla savršenu supstancu koja obnavlja kožu, štiti je, podmlađuje, regeneriše i zaustavlja proces starenja. U nekom trenutku shvatila sam da moram da prestanem da verujem da je sve što je dobro i skupo. Visoka cena kozmetičkih proizvoda opravdana je samo onda kada se bočica uklapa uz pločice u vašem kupatilu, ili ako vas snovi koje ona nadahnjuje mogu vinuti u visine.

Moj savet je da uvek imate ono najvažnije: micelarnu vodu, ulje za skidanje šminke, višenamenske dnevne i noćne kreme, pre svega kremu sa zaštitnim faktorom, blago mleko za telo i još nekoliko sitnica, koje morate imati u više primeraka, kao što su šnale za kosu, pincete, četkice razne veličine i makazice za nokte.

Nekontrolisana kupovina kozmetike je oblik sanjarenja, ali ako ti snovi nemaju efekta, nisu vam ni potrebni. Redovno odlazim u *Seforine* prodavnice i samo dva sata kasnije izlazim namazana, namirisana, napuderisana, srećna i zaljubljena u proizvode čije mi se ime dopalo, u ono što obećavaju natpisi na pakovanjima, u mirise, teksturu ili u samo pakovanje. Znam, to jeste smešno, ali na kraju krajeva, zašto da ne.

Treba da imate samo jedno ogledalo koje uveličava, jer je to najstrašniji pribor za ulepšavanje. Ne zato što ružno izgledaju, već zato što otkrivaju istine za koje ne želite da znate. Ako niste psihički jaki, bolje ih izbacite iz kupatila, što je mnogo, mnogo je. Ogledalo koje uvećava (minimum 7 puta) upotrebljivo je samo uz antidepresive ili jak stomak. Ali isto tako, ne treba ni gurati glavu u pesak, ako razumete šta želim da kažem. Ove naprave mogu vam pokazati i detalje koje će drugi ljudi odmah uočiti: mitisere, crvenilo, mladeže, mrlje, dlačice...

Ali pre svega i ono što nas u pedesetim proganja, izluđuje, uporno se vraća, jača, ne prestaje da raste i može se ukloniti samo laserom ili skalpelom.

Srećom, Svedobri Bog nam je u pedesetim podario i malo dalekovidosti. Posle pedesete, odmah nakon „Kako si? Šta ima novo?", sledi i pitanje: „Jesi li ti to radila nešto na sebi?", i to u prvih pet minuta razgovora s drugaricom koju niste videli šest meseci, a koja misli da izgledate dobro.

Baš kao i kod neverstva, ne priznajete ništa.

Na šta misliš? Molim? O, ne, ne ja. Nikada to ne bih uradila.

Onda mora da je ljubav u pitanju?

Može biti.

Prokleti Slatkiš! – pomisliće drugarica.

Ono što radite ne tiče se drugih. Iskreno.

Ali pošto je ova knjiga satkana od poverljivih podataka, moram da priznam da sam nedavno imala malu intervenciju, sitnicu, skoro ništa. Zašto sam to morala da uradim? Zbog uljudnosti, ljubavi, dosade, poštovanja, želje da izgledam bolje, izaberite sami. Uvek sam mislila da, ukoliko ne uradimo ništa, rizikujemo da počnemo da ličimo na baku svoje drugarice. Dakle, moja preporuka bi bila da uradite nešto, ali neku sitnicu – da pribegnete prekomernoj umerenosti, ako shvatate značaj oksimorona.

Neko se neće složiti sa mnom (i Slatkiš misli da preterujem), ali ja pripadam onoj vrsti ljudi koja bi mogla da kaže dermatologu: „Molim vas, možete li mi garantovati da se ništa neće primetiti. Platiću vam dobro, samo želim da ne radite (skoro) ništa. Ubedite me da radite nešto, sipajte vodu u špric i to će biti u redu." Luda žena!

Izbegavajte loše situacije: ne idite kod dermatologa kada ste u depresiji, baš kao ni kod frizera, i ne dozvolite im ni da besplatno rade ono što oni žele. U mom slučaju, besplatno nije prava reč. Smešno mi je kad ljudi govore o estetskim lekarima kao što to čine naši američki prijatelji: šta je više u trendu, modernije, ili pak skuplje. Dermatolog se imenuje kada je reč o aknama, bradavicama i psorijazi, dok izraz „plastični hirurg" koriste samo oni sami, jer se on vezuje za neprijatan bolnički miris, skalpele i anesteziju. Niko ne govori da ide kod svog plastičnog hirurga.

Bez obzira na to gde se radnja odvija, Slatkiš me neće podržati u tome da primam bilo kakve injekcije. Kaže da to prenaglašava crte lica, da će me učiniti starijom, da se vidi razlika u odnosu na vrat ili ruke, što čini da izgledam čudno, a pošto on voli prirodno, trebalo bi da to prepustim glumicama, bogatašima i beznadežnim slučajevima. Ako ste primile previše injekcija, to znači da pripadate jednoj od ove tri grupe, a možda i svima trima.

Problem je u dobroj proceni. Ukoliko mislite da su vam kapci previše spušteni, što možda samo vi primećujete, sugerišite sebi da vam se to samo ublažio pogled. A ta mala linija, koje nije bilo pre nekoliko meseci, ovog jutra je uočljivija. Možda, i šta onda? Hoćete li tako svakog dana proučavati sebe? Mogle biste da zgrabite bič i počnete da se šibate.

Već sam napomenula da treba da se fokusirate na druge stvari, bez osvrtanja na datum isteka roka. Imajte to na umu i ne zaboravite da je lice ogledalo duše svakog čoveka. Ono ne naglašava osobine, već ih ublažuje. Istina, i starost ima svoj efekat.

Kako se brinuti o sebi?

Naterajte se da izbegavate sunce. U pedesetim – tim bolje ako ste tu naviku stekli još u tridesetoj – nikada, ali nikada, ne izlazite na sunce bez zaštitne kreme na licu, vratu i rukama. Ne samo leti, već i tokom cele godine, čak i u hladu, čak i zimi, možda čak i noću. Sunce je divno, ali nemamo drugog izbora nego da odustanemo od njega. Nije važno, dosta smo se sunčali i kupali tokom sedamdesetih i osamdesetih, kada su naše zalihe melanina to mogle da podnesu. Kupali smo se u mlečnoj masti, goreli i ljuštili se kao crni luk. Srećom, moda se izmenila, i što je još važnije, taj proizvod više nije u prodaji.

Doduše, za neke je već kasno, naročito za one koji su rođeni deset godina ranije.

Ponekad, nakon mirnog dana i ugodne večeri, s dobrom šminkom i na prigušenom svetlu, neke dobre duše, koje znaju moj datum rođenja, kažu mi da izgledam koju godinu mlađe. Nisam to primetila, ali mi prijaju takvi komplimenti, jer nakon pedesete, znam kojom brzinom gubimo svežinu posle najmanjeg prestupa, alkohola, leta ili nekog drugog ispada.

A opet ih čujem da pitaju: „Pa, u čemu je tvoja tajna? Znamo da voliš da popiješ, popušiš po neku i nikada ne spavaš?" U tom trenutku dam im savet koji je zasnovan na mom najnovijem otkriću. Svakog jutra jedem domaću granolu (bademi, lešnici, mešavina pahuljica od žitarica, sušeno voće, sirup od agave, lešnikovo, maslinovo i kokosovo ulje, đumbir, muskatni oraščić, so, pola sata u rerni, povremeno promešati) s bademovim mlekom, a zatim uzmem kapsulu spirulina (vrsta alge s neverovatno dobrim svojstvima). Dva puta godišnje pijem gvožđe i magnezijum i nikada ne zaboravljam flašicu vitamina D pre zime. Osim toga, uvek isprobavam nove dodatke ishrani: poslednje što sam probala je morski kolagen, koji bi trebalo da doprinese elastičnosti kože. Procenu efikasnosti daću vam kada objave nastavak ove knjige. Uopšte, volim da jedem hranu jakih boja: paradajz, cveklu, borovnice, brusnice… čini mi se da mi daju energiju.

Na kraju ono najvažnije, za dobro zdravlje i lepu kožu mogu samo da preporučim kombinaciju vežbi dva puta dnevno (na brzinu) i seksualnu aktivnost dva puta nedeljno (natenane). Ili makar jednom dnevno: dobro se nasmejte, da, da…

Nedostatak smeha

Naučite da se ne smejete bez potrebe: žene koje se previše smeju, često i od srca, imaju više bora od ozbiljnih.

Znam jednu u pedesetim koja ume da simulira smeh a da ne pomera usne. Proizvodi zvuke koji su prilično šarmantni (ali ipak čudni), a pritom krije usne pomalo šepavom rukom. Istovremeno savija vrat i glavu, tako da ne možete videti da se rubovi usana podižu. Nema bore, ne izlazi po suncu, nikada nije ni pipnula cigaretu i u životu nije bila s muškarcem.

Druga moja drugarica, koja je istih godina, čitavog života je pušila kao odžačar, u svakoj prilici se histerično smeje (Slatkišu je to čudno, ali ja mislim da je simpatično), čitav život je na suncu, briga je za mišljenje drugih, a jedino mesto na kom je zadobila ubod je njena spavaća soba (mada se ne žali često, Slatkiš u nekim situacijama misli da sam pomalo vulgarna).

Poenta priče je da su obe istih godina, a da jedna izgleda trideset godina starije od druge. Šalim se, naravno, jer ne postoji ništa bolje od smeha, koji vas čini srećnim. Bore i smeh ne mogu da se porede. Pa ipak, ponekad se ljutim na Slatkiša: „Prestani da me zasmejavaš, razvlačiš mi kožu i trošiš mi kolagen!"

Problemi sa zubima

Teoretski, osmeh je nešto što možemo da kontrolišemo.

U praksi, naš zubar je onaj koji se o tome brine.

Pazite da ne napravite neke radikalne promene u oralnoj strukturi: ta rupa u nizu je malo dentalno oštećenje koje pokazuje da ste to vi, u svakom smislu te reči, a ne standardizovani klon, koji je dizajniran da uveri humanoide oko vas da ih neće ugristi. Sa malim dentalnim defektom, što izgubite na perfektnom izgledu, nadoknadićete ličnošću. Smatrajte to svojom prednošću i naučite da živite s tim. Taj pomalo kriv očnjak je ono što krasi Sindi, nos Rosija ili razmak među Vanesinim zubima.

Ali ako ste ljubitelj čaja, kafe, crnog vina, cigareta ili borovnica i nikada niste vodili računa, vaši zubi će biti iste braon boje kao i velosiped. Uvek možete da zavolite svoj tamni osmeh, ili da prekopirate pokrete drugarice o kojoj sam vam pričala, koja krije usne rukom kada se smeje, ali isto tako ih možete i izbeliti za pola nijanse (a što da ne i za celu ako imate dobru osnovu za to) i odmah ćete se osećati bolje.

Pazite da ne preterate: držite se podalje od američkog stila optički belih ili plavičastih zuba, zbog kojih ljudi skreću pogled dok razgovaraju s vama. Budite umereni. Ali malo belji zubi izgledaju čistije, mlađe i svežije!

Da li bi trebalo pokazivati sede?

Belo je za zube, a ne za kosu.

Prva seda najčešće se javi oko tridesete. Kada je ljutito iščupate, shvatite da se sede vlasi umnožavaju brže od drugih. Na mesto svake koju iščupate, za mesec dana izrastu tri nove. Sede vlasi su deblje, drugačije strukture i izgledaju čudno. Niti su ravne, niti su kovrdžave. U svakom slučaju, uznemirujuće su. S prvom tubom kompanije *Palet* započinjete postupak (što ne treba da bude kazna) koji će potrajati narednih trideset godina. Prirodan sjaj naše kose iz mladosti povratićete raznim proizvodima, u koje, ako mene pitate, imamo i previše poverenja. Ulja, silikonske i keratinske maske obećavaju puno, ali rezultat nikada neće biti savršen i s godinama će vaša kosa sve više slabiti. Jedini izuzetak su prirodne plavuše, ravne kose i Azijke. Ko zna zašto je sudbina svih ostalih da žive s lepršavim i uvijenim vlasima. Što će reći, ako postoji neko hemijsko i statističko pravilo, onda je to da s godinama prelazimo u plavuše, što je možda u vezi s interakcijom sunčevih zraka i upornim farbanjem.

Kada je reč o kosi, imam sreće što sam od majke nasledila bujnu, gustu i jaku kosu. Ali koliko god bila jaka, godine su ostavile traga. I naravno, opet postoje različita mišljenja. Oni koji prihvataju sedu kosu i godine koje je nose, ne moraju da troše osamdeset evra na svakih šest nedelja, uz rizik da dobiju trombozu dok čitaju tračeve o poznatima. I oni drugi, među kojima sam i ja. Dakle, ili frizeri, ili kupovina kompleta za koren kose u supermarketima, koji koštaju manje od osam evra, što je opcija koja ne samo da vas spasava od dugotrajnog sedenja u salonu s čalmom na glavi već traje samo deset minuta i baš štedi vreme.

To nema nikakve veze sa strahom od starenja, farbanje je skoro vid lične higijene. Nisam prenaglila s ovim argumentom jer je efekat Sofi Fontanel hiljadama žena pomogao da se oslobode svojih kompleksa i ponovo budu ponosne na sebe. Ako će vam biti od pomoći, ja nemam problem s tim. Brine me samo kada na ulici vidim ženu koja hoda podignute pesnice, ponosna na to što je odlučila da prihvati svoju individualnost. Ponosna na svoje akne, brkove i celulit! „Baš tako, imam žute zube, ali nisam rodila majmuna!“

Odustajanje od farbanja sede kose može da se razume i objasni kada ima veze s određenim faktorima: misticizam, hemoterapija, crnina, bolest srca, sedamdeset godina…

O ovim slučajevima ne treba raspravljati.

Žene u pedesetim i žene uopšte sve više prihvataju sedu kosu. To pokazuje odlučnost i visok stepen smelosti.

Ovakav izbor postaje simbol samopouzdanja, skoro pa je trend i preti da stotinama frizera ugrozi biznis, iako je taj zanat imun na urbanizaciju. Jer neki se sigurno neće složiti sa mnom kada kažem da je mnogo jeftinije da sami ofarbate kosu, ipak je mnogo jednostavnije kada to neko drugi uradi umesto vas.

U mom slučaju, bilo bi teško ostaviti prirodnu i neofarbanu kosu, jer bila bi bela samo sa strane. A sigurno ne želim da me zovu Kruela de Vil. Dakle, nema šanse. U svakom slučaju, za mene bi to bilo kao da hodam gola i s trepćućim natpisom na čelu: moja lična karta. Tada bi svima na ulici, pored kojih prođem, u slučaju da to već nisu primetili, dala do znanja da sam na dobrom putu da bacim kašiku.

Kada prestanete da farbate sedu kosu, prestajete i da pokušavate da izgledate mlađe, ili bar ne baš tako staro. Ljudi će reći da je i to vid prihvatanja godina. Da, ali gde je u tom slučaju granica između brige o sebi i opsednutosti mladošću?

Što se mene tiče, stavljam kursor na sredinu između brige o sebi +++ i brige o fizičkom izgledu ---.

Moja majka je „odustala u osamdeset drugoj godini, kada je odlučila da joj je dosta boje od koje je svrbi glava. Jedna od mojih drugarica učinila je isto u pedesetoj, kada je završila s izlascima. Druga je opet želela da što bezbolnije prođe kroz menopauzu i bespovratno povećanje telesne težine. Danas težina, sutra kosa. To je jedna klizava i strma nizbrdica.

Pustite kosu da osedi, stavite naočare za čitanje, obucite braon suknju od tvida (sa lastišem oko struka), mokasine na noge i eto babe! Savršen izgled za sastanak s ekspertom za anuitet.

To vreme će svakako doći. Kada se i to dogodi, prestaću da kupujem ženske časopise, obesiću štikle i uštedeću bogatstvo koje sada dajem na kozmetiku.

Udobnost i praktičnost idu podruku s lakomislenošću. Moramo se brinuti o sebi jer smo živi, jer ćemo tako više voleti sebe, a ukoliko tome dodamo i ono što nikada ne izlazi iz mode, a to su elegancija i osmeh, tim bolje.

Dakle, šta uraditi? Da li pustiti da kosa osedi, ili se ofarbati?

Da, ako vam je trideset pet.

Da, ako imate 200.000 pratilaca na Instagramu i ako svoju odluku umete da pretvorite u knjigu, uspeh, dospete u informativni program u udarnom terminu i imate dovoljno novca da ublažite neželjene posledice starosti na vašoj kosi.

Pa, da!

Ali ne!

Jer bilo da je modni detalj ili nešto drugo, pepeljasta kosa se uvek vezuje za nekog ko je u godinama.

Već čujem feministkinje kako se javljaju i kažu: „Hej, otvaraš vrata najgoroj vrsti šovinizma. Priča počinje tako, a završava se s lažnim grudima i pačjim usnama. Kakvu to igru igraš? Šta je sa muškarcima, jesu li oni seksi sa svojom sedom kosom?"

Znam, nije fer što smatramo da su muškarci šarmantni i kada su ćelavi ili sedi. Ali stvari se menjaju, sve više njih srećem kod svog frizera, kriju se po ćoškovima salona i izbegavaju poglede. Takva scena me uvek tera da se nasmejem, fotografišem ga i podelim sliku na Instagramu (još se nisam usudila da uradim ovo poslednje).

Ali zašto ne mogu a da lično ne osudim taj retki primer muškog ponašanja? Zašto mislim da je farbanje kose kod žena vid brige o sebi, a da muškarce to čini manje muževnim? Makar ja to tako vidim. Zašto mislimo da je normalno da mi moramo da se potrudimo?

Kao i mnoge žene moje generacije, osećam da nisam spremna da povedem revoluciju predvođenu četrdesetogodišnjakinjama koje lupaju u bubanj. Moj superego je jači od toga, vaspitanje ima jako i zdravo korenje, ono mediteransko. Da li sam ja to žrtva predrasuda i uverenja da žene moraju biti i ostati mršave, mlade, lepe i seksi, dok je glavna uloga muškarca da bude jak i da štiti ženu? Divim se pionirima ovakvih tvrdnji. Računam na njih i na milion vas da ćete razrešiti klišee zavođenja, promeniti našu percepciju, predrasude i želje.

Kako možemo uveriti svet oko sebe, a posebno žensku populaciju, da promene pravila lepote i standarde seksepila?

Ponekad poželim da vrištim kada pogledam strane naših magazina, na kojima uporno prikazuju žene bez imalo dostojanstva. Moj omiljeni časopis, koji pratim otkako sam naučila da čitam, na naslovnu stranu stavio je devojku pomalo glupog izraza lica, poluotvorenih usta, golih bedara, u provokativnoj pozi. Zašto? Oni koji tvrde da govore u naše ime trebalo bi da se bore da promene paradigme o ulozi žena.

Dijeta

O, duše iz lampe, učini da hrana nema uticaja na mene.

Kada dođe vreme za predaju, na sav glas ćemo vikati da nema više skupe šminke, merenja težine svaki dan, da se vraćamo slatkišima, pecivima, gaziranim pićima i sokovima, što je ranije bilo strogo zabranjeno. Zaboravivši na brigu o svom telu, dok klizimo niz liticu, apetit biva sve veći. Mirno ćemo dopustiti sebi da se proširimo, i to uz provokativni osmeh onih koji više nisu zabrinuti za ljubavne igre, celulit i smežuranu kožu. Povlačenje iz ljubavne igre daje nam tu slobodu.

Ali pre nego što stignemo do te tačke, u pedesetim se neumorno borimo da održimo formu i da ne otvorimo apetit, što nije daleko od želje da i dalje budemo voljene.

Evo nekoliko nasumičnih misli o težini:

Kada se ugojite, rizikujete da izgubite samopouzdanje.

Mali višak kilograma čini nas mnogo starijim.

Težina je kao i temperatura. Koliko ste teški, tako se i osećate.

Koliko god da ste teški, prijaće vam društvo onih koji su teži od vas, dok oni mršaviji definitivno doprinose vašoj depresiji. Žene ne sanjaju o tome da će upoznati princa na belom konju, već o tome da mogu da jedu a da se ne ugoje. To je nešto čime se hvalite pre, a za čime uzalud čeznete posle pedesete.

U dvadesetoj se gojite kada jedete brzu hranu, u tridesetoj kada jedete testenine, u četrdesetoj čak i od jabuka, u pedesetoj i ako popijete čašu vode više, a u šezdesetoj i ako duboko udahnete. Kilaža ima svoj sopstveni život. Nešto matematičko, eksponencijalno, neizbežno. Dakle, uvek držite oko na skali i trudite se da održite željenu težinu. To je isti onaj deo nas koji vodi računa o sebi, ide na farbanje i želi da se uvuče u uske farmerice. Bez posebne pažnje na dnevnom nivou i vežbi koje su dostojne svog imena, godišnja rata će se uvećati za najmanje pola kilograma. Kasnije će se kilogrami primiriti, ali ako vam telo ne bude u formi, biće kasno. Kilogrami ostaju. Naravno, to nije tako strašno. Zamena garderobe uvek pravi finansijski problem, ali bez obzira na to, nije lako navići se na novu siluetu i pritom zadržati osmeh na licu.

Dakle, ako izuzmemo one žene koje imaju problem sa štitnom žlezdom, sve smo posle pedesete na nekoj dijeti. One koje nisu, a još uvek uspevaju da ostanu vitke, nek to zadrže za sebe.

Zaključak je da definitivno postoji samo jedno rešenje: uvek budite u pripravnosti. U isto vreme živite život i uživajte u lepim stvarima. Pa kako onda da udovoljimo svojim apetitima, a da nam koža na licu ne ostari brzinom svetlosti?

I dalje je moguće izgubiti nekoliko kilograma, ali je mnogo lakše dodati ih! Ima rešenja, dijeta i strategija. Svaka za sebe. Moja omiljena hrana ima malo kalorija i puno vode. Brzo zasiti, pa iako ne zadugo, pomaže da se prekrati vreme do narednog obroka.

Pa, koje su prednosti mršavljenja?

Osećaćete se lakše, što utiče i na raspoloženje.

Imaćete više volje da odete na trčanje ili časove plesa.

Moći ćete da uđete u farmerice koje ste kupili za broj manje i samo ste čekali taj momenat da ih obučete.

Bićete ponovo u igri.

Dobro zdravlje

Zdravstveni problemi su mnogobrojni i specifični za ljude u pedesetim.

Shvatite da je došlo vreme kada vam se nude besplatni kontrolni pregledi. To nije vaučer koji vam šalje lokalni frizer s pozivom da budete model za probu nove farbe za kosu, već provera vitalnih funkcija. Mala pokretna kamera će se uputiti da snimi vaše unutrašnje organe i dobićete video koji vas neće prikazati u najboljem svetlu, ali sve bi trebalo da ostane između vas i gospodina koji sada poznaje vaš zadnji trap kao svoj džep. Žene jedva čekaju da obave mamografski pregled. Dojka (kao parče šunke) postavlja se između dve metalne ploče (kriške hleba), koje stiskaju dok od vas ne naprave tost-sendvič. U tom trenutku ćete zadržati vazduh kako biste primili dozu, navodno, kancerogenih zraka. Nakon vertikalnog, a potom i horizontalnog sendviča, prikazaće vam se rezultat koji nije konačan. Sa sumnjičavim izrazom na licu, ubediće vas da isto ponovite i sledeće godine.

Srećom, nije sve tako strašno. Prednost pedesetih je što dobro poznajemo svoje telo. U tim godinama znamo šta treba lečiti i u kojoj meri. Znamo kako da objasnimo lekaru da nam prepiše recept samo za onaj lek koji nam nedostaje, jer poznajemo razliku između previše voćnog soka i gastroenteritisa ili infekcije urinarnog trakta. Oni koji su iskusili nešto, ili sve od nabrojanog, znaju o čemu pričam.

Moj tajni eliksir mladosti

Postoje neke reči koje se nikada ne izgovaraju, osim kao rima, šala ili ekstremna medicinska okolnost. U stvari, te reči uopšte nisu deo mog vokabulara. Ipak, pokušaj da napišem knjigu o pedesetim, a da nijednom ne pomenem menopauzu, definitivno bi završio kao promašaj. Nešto kao priča o ljubavi bez pominjanja seksa.

Sećam se da je moja majka u trenutku umela da se oznoji; za samo nekoliko sekundi izgledalo je kao da je potpuno obučena izašla ispod tuša. Toplotni udari su prvi znak, praćen mnogim drugim problemima. Sve to može da se odigra veoma brzo, zavisno od vašeg metabolizma.

Srećom, Zoro je došao da nas spase.

Ujutru vakcina u ruku, uveče tabletica, mala kao tik-tak i problem je rešen. Hormoni su se smirili, težina se vratila na svoje, stabilizovao se san, nema više valunga, libido je oporavljen.

Danas ljudi na pedesete gledaju kao na novu pojavu u društvu, zaprepašćeni koliko je malo toga zajedničkog s prethodnim generacijama pedesetogodišnjaka. Pre svega, duže ostaju vitki i mladoliki, koža im se manje bora, kosa im je gušća i pršte od seksualne energije.

A šta je razlog tome, šta mislite?

Zdravije dijete?

Dodaci u ishrani?

Ne mora da znači. Verujem da postoji nešto više. Glavna novina je to što znamo kako da rešimo probleme. Kada žena u pedesetoj svakim danom sve više ide ka svojih petnaest, a mi pokušavamo da shvatimo kako, možemo samo da zaključimo da je na nekoj hormonskoj terapiji.

Ako ne postoji neki zdravstveni razlog da se protivite novim lekovima, a živite u senci muža koji više nema interesovanja za vas, moj savet je da ne treba da se lišavate sebe. Jer ne samo da očigledno povećava kvalitet života već ovaj tretman dobro utiče i na kosti i na kardiovaskularni sistem.

Farmaceutske kuće me nisu platile da bih ovo napisala.

Dok ovo pišem, nalazim se u kući, u divljini korzičke makije, gde me je moj domaćin ljubazno zamolio da neke stvari ne bacam u toalet, jer uprkos modernom izgledu, septičke jame ne mogu baš sve da progutaju. Pominjao je pamučne uloške, pakovanja i slično.

Očekivala sam da će početi da iskopava dokaze ašovom. Ali nije. S osmehom bih ga razuverila u to i dodala da bih više volela da sam bacila tampon.

Smrznuto rame: šokantna priča

Ili kako malo energičnija vežba može dovesti do višemesečne fizioterapije i bola. Nisam znala šta znači smrznuto rame sve dok me to nije strefilo. To je kao da vam se sam đavo useli u rame i ode tek nakon dve godine. A sve zato što ste malo energičnije mazali kremu za sunčanje ili ubrzali tempo trčanja.

Postoji više načina za rešavanje ove zdravstvene tegobe. Klasičan način je da lekar uzme stvari u svoje ruke i prepiše vam lekove. Zatim, tu je i metoda dr Lija, što je vrsta legalne torture. Njegovi pacijenti moraju biti svesni da akupunktura može ugroziti njihovo dostojanstvo.

Kada mi je dijagnostikovan taj problem, odmah sam prelistala forume na internetu, u nadi da ću pronaći brzo rešenje za svoj problem. Sve što sam pronašla bili su ljudi koji su se pomirili sa sudbinom, koja se može opisati sa dve proste reči: bol i strpljenje. A ja ne podnosim ni jedno ni drugo. Smrznuto rame je gadna stvar, koja preti svim ljudima u pedesetim, a posebno ženama. Posetila sam sve reumatologe, osteopate, fizioterapeute, homeopate, majstore akupunkture, masere, čak i iscelitelje. Niko od njih nije uspeo da ukroti zver. Posle dve injekcije u kičmu, od kojih nije bilo pomoći, iscrpljena od bolova, razočarana jer nijedna terapija ništa ne pomaže, umorna od borbe, kada sam otišla u Njujork na odmor, zakazala sam pregled kod navodno čudotvornog doktora, koji se bavi akupunkturom i čije je umeće uporno hvalio jedan od mojih prijatelja.

U zakazano vreme došla sam na pregled u malu prašnjavu ordinaciju, koja kao da je bila s druge planete, a nalazila se u srcu Vol strita. Smrznuto rame pridržavala sam drugom rukom. Pre nego što sam se videla s doktorom, morala sam da popunim veoma zahtevan medicinski upitnik, u prepoznatljivom američkom stilu potpisivanja obavezujućeg ugovora od četiri strane, kako, u slučaju da umrem, dr Li ne bi imao nikakvu pravnu odgovornost. Ovo poslednje je ključna tačka, jer je to administrativna stvar koja dr Liju omogućava da nesmetano i bez posledica sprovodi svoj oblik terapije, koji je više kućni nego naučni vid lečenja. Srećom, živimo u vreme mira, jer kunem vam se da bih potpisala bilo šta pod pritiskom te torture: zabadao je ogromne igle u moje zgrčene mišiće (jecaj) i napajao ih strujom preko dugmeta koje je okretao nadesno (jauk), pritom snažno masirao palcem (urlik) i čašicama pravio vakuum na koži (vrisak). Iznerviran mojom intolerancijom na bol, stavio mi je peškir preko usta da bih prestala da vrištim, ili prosto da me on ne bi čuo glasno. A i da ne bih uznemirila pacijente koji su sedeli (ili bolje reći, trpeli bolove) u čekaonici.

Otišla sam od dr Lija sva istetovirana u maorskom stilu, s krugovima boje plavog patlidžana na koži. Sigurno nisam toliki mazohista da se ponovo vratim i ponovo mu prepustim na milost i nemilost već modro rame.

Nikada neću znati šta je smirilo bolove koji su me tiranisali danima i noćima. Da li dr Lijeva tortura iglama ili mešavina na biljnoj bazi, koja je mirisala na kompost, a koju sam u to vreme gutala dva puta dnevno. Ipak, činjenica je da je negde posle tih terapija stavljena tačka na višemesečnu agoniju i nespavanje. Godinama nisam uspevala da napravim kružni pokret rukama, ali već narednog dana mogla sam da kucam na svom računaru i podignem šolju bez bolova.

Modrice

Tetovaža u pedesetim nije ukras koji je popularan kod mladih Njujorčana. Prošlo je to vreme kada smo na koži crtali neizbrisive slike. Dovoljno je samo to što je vreme učinilo svoje i nema potrebe da dodatno privlačimo pažnju na naše oronulo telo.

Ne, umesto tetovaže, u pedesetim nosimo modrice!

Kada se u pedesetim udarite u nešto, odmah se pojave masnice, a onda se šire, plave i ostaju kao fleke ispod kože. Modrice u pedesetim mnogo duže traju, tamnije su i menjaju sve boje od tamnoljubičaste do zlatnožute. Nestaju tek nakon nekoliko nedelja i postaju zaštitni znak. Dakle, u pedesetim budite pažljivi, makar tokom leta, ili se zabarikadirajte iza nekog oklopa ili štita: postavljene pantalone, štitnici za laktove, jastučići za kolena… Ili krenite u grad s tabletama, homeopatskim lekovima, gelovima i kremama.

Čuvajte se sudara, ćoškova na svakom koraku,
Ako zapnete o niski sto, izbegnite kvaku,
Oni malo viši butini kažu da koči,
Da ne pominjem kolena, tu bol tera suze na oči.
Svaki komad nameštaja pretnja je za vas,
U trčanju do kuhinje ne tražite spas.
Dobro znaju modrice,

Nameštaj i stolice,

Stolica od nerđajućeg čelika,

Na potkolenici modrica velika,

Napadaju čim stignu nasloni za ruke

Modrice su šik baš kao i muke.

Čak i obla ivica ume da se sveti,

Debeli stakleni vrh nikad neće prestati da preti.

Trapava sam ja, nisu oni krivi,

Sve bi to bilo bolje da se uspravno živi.

Molim vas, oprostite za digresiju malu, obožavam poeziju, prihvatite šalu.

„Sjajno! Od sada ću te zvati Modrica“, kaže Slatkiš.

Ah, taj Slatkiš! Uvek spreman za pošalice.

Vrtoglavica

Pariz, prošle nedelje, 10 ujutru.

Odjednom mi se zavrtelo u glavi. Izgubila sam ravnotežu, počela da padam, ali sam se nekako dovukla do kreveta. Ležeći na leđima, zamagljenim pogledom posmatrala sam kako se plafon vrti oko mene. Bivalo je sve gore, u trenutku su mi utrnuli prsti. Neka spoljna sila obuzela je moje telo i radila je s njim šta je htela.

U pratnji Slatkiša, koji je ostao priseban, hitna pomoć me je odvezla u Urgentni centar. Poštedeću vas detalja: beskonačno čekanje u kolicima, i to pored nekog teroriste, koji je bio baš u lošem stanju, ali je ipak bio okružen do zuba naoružanim policajcima; trideset puta je različitim ljudima morao da ponovi šta se dogodilo…

Doktori, klinički testovi i ajd kući sa zakazanim pregledima za sutra, prekosutra i nakosutra.

Priči je tu mogao biti kraj, a onda je jedno od moje dece napisalo objavu na mom blogu i Fejsbuku, da je stranica ukinuta i da je moje književno putovanje završeno.

Ali pošto sam ovog puta dobro prošla, iskoristila bih priliku da vas sve podsetim da svoje telo neću donirati za dobrobit nauke i da sam pinove za svoje kreditne kartice sakrila u levom džepu Balensijagine jakne. Nešto što bi moglo biti od koristi u hitnim slučajevima, da pokrije iznenadne troškove (za sitnice, cveće, nešto malo za dečake koji pevaju u crkvenom horu…) koji nastaju u takvim situacijama.

Znate šta? To može svakom da se desi. Jednog dana – buć! – glava padne u tanjir. I laku noć, Beču!

Tog jutra, koje je moglo biti i poslednje, svašta mi se motalo po glavi. Da li sam se dobro izdepilirala? Dođavola, svi će videti koliko sam ostarila! Da li sam jutros uparila grudnjak s gaćicama? Ne, ne želim da propustim poslednju epizodu omiljene serije, niti da mi propadne let za Njujork, planiran za sledeću nedelju...

Treba još mnogo toga videti i razočarala bih mnoge jer sam obećala da ću ovu knjigu završiti do kraja godine.

Pouka: i svest da su najbolji dani tek bili preda mnom.

Dijagnoza: vestibularni neuritis, ništa strašno, samo zvuči zastrašujuće.

Cigarete i ostale droge

U pedesetim biste morali da ostavite duvan, pa makar i obećali sebi da ćete mu se kasnije vratiti, mnogo kasnije, kada vaša koža, mišljenje drugih ljudi, pa čak i vaše zdravlje, više ne budu bitni. Trebalo bi pronaći bolji način da započnemo razgovor s nekim od onog: „Imaš li jednu cigaretu?" Ponekad zapalim posle večere. Volim da držim cigaretu među prstima. Povučem jedan dim i odmah je gasim. Kao i sve druge proizvode koji izazivaju zavisnost, pokušavam tu cigaretu da držim na kvačilu, tako što uvek kažem u sebi: „A, ne, nećeš me ščepati, draga moja."

Sreća pa je tako, jer duvan dodaje godine koje se vide na licu i skraćuje životni vek. Svima nama cigareta potpuno jednako nudi hrapav glas, suvu kožu, mnogobrojne bolesti i dah koji se oseti na dvadeset koraka. Ali jednom kada nas osvoji, postaje naš najverniji prijatelj. Ponekad se sve do smrti ne odvaja od nas!

Takođe sam uspela da se odbranim od droga time što sam bila prezauzeta gradeći karijeru i ugled.

Sada to što radim može da pretrpi neke sitnice koje ne mogu da mi ukaljaju ugled. U mojim godinama, već sam ga negde usput stvorila i nadam se da ga imam.

Ali sve i da je tako, pre nego što moje vreme istekne, volela bih da, makar jednom, probam kokain.

Da li bi trebalo da delite preporuke?

Sa pedeset i nešto, izrasli smo u ljude koji imaju visoke standarde i prefinjen ukus. U svakoj vrsti zanimanja u našoj okolini, znamo gde se može pronaći nešto dobro, a gde najbolje. Najbolji majstor, najbolji mesar, najbolja radnja s organskom hranom... i skromno, kako nalaže jevanđelje, uživamo u deljenju iskustava s našim prijateljima i držimo se principa da je mesar mog prijatelja i moj mesar.

Ali kada je u pitanju podela adresa ljudi koji trguju svojim veštinama – stomatologa (za implante), dermatologa (injekcije) ili osteopata (kuckanje i pucketanje) – iskustvo govori da je najbolje da svoje kontakte zadržite za sebe. Tako da, kada vas neko pita: „Da li znaš nekog dobrog zubara?", ako želite da izbegnete probleme i zadržite prijatelja, jednostavno odgovorite: „Nažalost, ne." Jer ako vaša prijateljica bude imala ružno iskustvo, što lako može da se desi, krivica se pripisuje vama.

Zamislite da vaš dermatolog, koji obično daje injekcije tako da ih i ne osetite, i pravio je čuda na vama (privremena čuda, jer kao što znate, te injekcije nemaju dugotrajno dejstvo), uspe da pogodi očni živac vaše prijateljice. Kumila vas je da joj date broj, a sada hoda čudnog izgleda, sa jednim buljavim okom i ima želju da vam pusti krv.

Slično tome, i svog računovođu sačuvajte za sebe, za slučaj da joj ne likvidira investicije, i osteopatu, da joj ne iščaši disk na vratu, i advokata, koji će se sigurno pobrinuti da i njen razvod traje godinama.

Dobro, tako vam niko neće nadenuti ime dobrog proktologa. Da baš sve krene po zlu, to bi bila prava ludnica… (OK, neću je pominjati, kažem Slatkišu, uz obećanje da ću knjigu objaviti pod pseudonimom.)

Uglavnom, bolje je da ne hvalite ničije talente, nemate vi tu šta da tražite. Pored opasnosti da ostanete bez prijatelja ako svari krenu nizbrdo, postoji i rizik da izazovete inflaciju cena i otežate sebi naredni tretman.

Dobar ginekolog? Žao mi je, ne.

Ali znam dobrog mesara.

Vreme je za vežbanje

O, duše iz lampe, nek moji zglobovi uvek budu dobro podmazani.

Uprkos našoj upornoj mladolikosti, moramo da priznamo da postoje sportovi za mlade i sportovi za one malo starije. Ne mora da znači, ali sve je moguće. Baš kao što moramo da jedemo pet puta dnevno, verujemo im i kada kažu da moramo redovno da vežbamo. I da nađemo vremena za aktivnosti u kojima uživamo. I da osećamo krivicu jer nikada nismo dobri onoliko koliko to od nas traže u medijima. Pa, koje su to fizičke aktivnosti koje pružaju najbolji odnos između uloženog napora, rezultata i čiste savesti?

Kako u pedesetoj ostati u formi a da se pritom ne iznurite?

S godinama postepeno postajem svesna krhkosti svog skeleta i dugotrajne nelagodnosti koja neminovno nastaje kada preteram: bol u krstima, upala mišića, iznenadni grčevi… Lumbago, tendonitis, uganuće i ukočen vrat konstantno su tu negde. Svaki put kada preteram, cena koju plaćam je sve veća. Ali i pored toga, ne mogu a da ne proverim da li će se moje telo izboriti sa zahtevima koje mu postavim, u nadi (uzaludnoj) da će reagovati kao nekada. U redu je pratiti mlađe u penjanju, streljaštvu ili povremenom trčanju, samo nemojte prelaziti granicu između korisne vežbe i preterivanja. Trud se, naravno, uvek isplati, a redovna fizička aktivnost odavaće utisak da ste još uvek u formi. Znam, sad mislite o tome da ne možete ni da se pomerite.

Greška! Što ste duže inertni, teže ćete se pokrenuti. Morate konstantno da terate sebe, ali tu su i novi neprijatelji s kojima se treba suočiti: srce, koje nije ono što je nekad bilo, zarđali zglobovi, dugotrajne posledice povreda i sve veća lenjost, koja nas tera da još jednom razmislimo o Čerčilovom pristupu sportu. Svako treba da pronađe fizičku aktivnost koja mu najviše odgovara. Od zumbe do treninga za mozak, izbor je na vama.

Trči, trči, trči

Počela sam da trčim kada sam već bila prestara za to. Ranije, kada sam imala dvadeset ili trideset godina, kada trčanje nije bilo moderno kao sada, više sam volela ples i plivanje.

Danas jednom-dvaput nedeljno navučem helanke, popnem se na bicikl i uputim se u park. Moj trener je Slatkiš i najbolje što mogu jeste da pokušam da sakrijem svoju lenjost pred njim. Nikada mi nije do trčanja: ne podnosim kada treba da startujem, a najviše mi se dopada kraj. To je prava borba kada treba da istrčim prvi krug. Osećam se kao da nosim kofe pune vode na leđima. Na kraju trećeg kruga razmišljam koliko mi se podigao endorfin i koliko ću se dobro osećati kada istrčim i poslednji. U nekim momentima čak osećam i zadovoljstvo. Pomalo je nalik seksu.

Uvek budem zadovoljna što sam trčala, pogotovu što tih dana mogu da priuštim sebi kroasan, ponekad i dva. Bez osećaja krivice. To je tako slatka nagrada, ali iziskuje prethodni napor.

Duge šetnje

Čitala sam o tome da su duge šetnje veoma korisne. Kažu da su duge šetnje brzim korakom i bolje od trčanja. Stvarno? Bolje za šta? Vrlo verovatno za zglobove. Za srce? Moguće. To sve zavisi od toga koliko dugo vežbate. Neki ističu i to da je brzo hodanje ekološki prihvatljiva, pristupačna i javna aktivnost. Volim kada me neko izvede u šetnju, pogotovu na neki obronak ili među borove. Gledam u daljinu, u oblake, udišem čist vazduh, uživam u tišini, čujem samo zvuk prirode. Inspiracije radi, zamislim da sam planinska koza. Posle nekoliko sati unutrašnjeg mira, uradim sledeće: sednem na panj, narežem kobasicu i popijem piće.

Joga? A ples?

Jedna sam od onih koji su odustali od joge. Uživala sam u tome, a onda sam se umorila, pogotovu moje telo. Znam da se skoro niko ne slaže sa mnom, da na jogu gledate kao na nešto uzvišeno, što ne može biti predmet kritike, jer mnogima donosi dobro. Ali tako stoje stvari. Ne želim više da se bavim jogom bilo koje vrste: bikram, ajengar, vinjasa, aštanga... I bilo koje podvrste – joge za seks, joge za oči, joge za hormone, joge za humor, joge za recepte – sve me je to dosta dugo zabavljalo. Ipak, deset godina sam ubeđivala sebe da mi se sve to sviđa. Sem mirnih vežbi opuštanja i disanja – čak i to je imalo efekta samo posle neprospavane noći, kada bi mi glava klonula na učiteljevo hipnotično OM – sve ostalo zaista nije bilo za mene. Uzbuđenje i radost su jedino što me opušta. Moram priznati da mi joga nije činila ništa dobro, naprotiv.

Te poze nisu u ljubavi s mojom psihologijom. Uvijanje na neprirodan način jednostavno je bolno, disanje iz stomaka je dosadno i ne razumem sanskrit. Egzotika koja ide uz sve to nije dovoljna da pobije dokaz da gubim vreme.

Kada sam odustala od joge, otkazala sam i stalno članstvo kod osteopate. „To je zato što nisi imala pravog učitelja!“, čujem kako svi kažete uglas. Glavni problem je u tome što sam ja loš učenik s ograničenim sposobnostima. Više mi se dopada pilates, a i disanje iz grudi mi je nekako prirodnije. Nema buke, nema indijskih reči, samo jedan pokret, pa još jedan, i tako redom, bez ponavljanja.

Ali ono što me inspiriše i u čemu zaista uživam jeste ples. Volim da plešem. Uveče, kada deca odu (pa čak i kada su tu), Slatkiš i ja plešemo. Na moj znak, on pušta omiljenu muziku i za tren se naše noge nađu na tepihu u dnevnoj sobi. Dvoje bezopasnih ludih pedesetogodišnjaka počnu da plešu u ludom ritmu. Zabava traje desetak minuta, posle čega kolabiram, ostanem bez daha, srce mi lupa kao ludo i vapim za čašom neke tečnosti. „Moja pluća", kažem Slatkišu između dva gutljaja ledenog šardonea. Baš zato se trudim da izdržim devedesetominutni čas modernog džeza. Jer imam kratak dah. U pedesetim sam ponovo otkrila ples, i to kada sam se slučajno doselila na nekoliko koraka od plesne škole. Od tada svake nedelje idem na balet, džez ili klasičan ples. Obujem patike, obučem helanke i pridružim se devojkama s konjskim repovima. Brade su im podignute kao da ih drži neka nevidljiva struna vezana za plafon. Prija mi društvo tih devojaka u hulahopkama. Ako izuzmemo mnogobrojna ogledala, koja s okrutnom preciznošću prikazuju moju siluetu, i u koje izbegavam da gledam, uklapam se u društvo. Ali moj skelet uporno odbija da, kao nekad, odgovori na sve izazove. Teško je to priznati i mislim da sam srećna što mogu da ignorišem svoju tihu degeneraciju – znate, čudno je to, nekada sam mogla da se spakujem u kutiju, a sada sam potpuno zarđala. Tako stavim telo na jednu, mozak na drugu osovinu, i mozak ne želi da se preda, ali telo ne prati.

Ponekad legnem u krevet, zažmurim i zamišljam kako trčim sprint i skačem trostruki salto u vodu sa savršenim zaronom. Bleda sećanja na Olimpijske igre iz 1976. godine. Ime mi je Nađa.

Posao i novac: smirite se i stišajte

Posle pedesete: kraj neprekidnom poslu

Svet biznisa ženi posle pedesete ne nudi pružene ruke. Možete očekivati samo jedan prst… i to onaj srednji.

Postajete referent koji pred računarom sedi za nekim stolom u ćošku, sa šoljicom ispred sebe i vrti se na stolici. Na sigurnom ste sve dok vas ne primete. Osim što jednog dana u hodnicima mogu da se prolome glasine da vas je glavni konkurent dobrano nadmašio u poslu, da je gazda prodao firmu, da će doći do integracije, da je nastupila kriza i da slede nedaće na poslu. Tada će vam dobro doći advokat, i to ekspert za radno pravo.

Pregovarajte o prestanku radnog odnosa pre nego što dobijete otkaz. Dođe mu na isto. Kada počne da smrdi na užeglo, to jest kad krenu s prigovorima i ćutanjem, najbolje je da razumete situaciju, budete budni i pripremite teren za beg. Procenite ozbiljnost situacije i izbegavajte nevolje koje bi samo povećale knedlu u grlu. Što pre odete, pre ćete moći da započnete nešto novo. Dakle, napustite kompaniju, bez osećaja krivice, uzmite ček i, zajedno s advokatom, pripremite odbranu. Naravno, lako je to reći ili napisati, teško je suočiti se s tom mukom i strahom od novog početka.

Napuštanje kuće, preseljenje, useljenje, razvod, ponovna selidba, nesiguran posao... sve to počinje sa strahom koji nekada ne popušta. Kad sve prođe, čestitajte sebi na hrabrosti i dostojanstvu u tim teškim trenucima. Pre svega, nemojte očajavati i misliti da ćete pasti u depresiju ukoliko ostanete bez posla. Bolje je da kažete sebi da je pravo vreme da ponovo u nečemu pronađete sebe, jer ko ne rizikuje, taj i ne profitira. Budite sigurni da je kraj jedne ere početak sledeće i da ta nova era mora biti zanimljiva. Pošaljite poruku svojim poznanicima, pozdravite ih na socijalnim mrežama. Te mrvice, bačene po podu, odvešće vas nekud. Ne žurite. Jednog dana, dok se gledate u ogledalu, reći ćete sebi: „Dobro je, snašla sam se." Nekoga ćete upoznati, biće ponuda i prilika. Budite budni i nešto će se već desiti, verujte mi.

Šokantna priča

Jedna od mojih prijateljica bila je zaposlena kao direktor za komunikacije. Kada je njena firma pala u ruke drugog vlasnika, ona se iznenada našla na vratima. Pošto su joj ponudili uvredljivu novčanu svotu, angažovala je advokata, u želji da pomogne sebi. Bila je to ljuta borba, ali srećom, tokom tog teškog perioda, pozvali su je iz jedne prestižne kompanije, kojoj je bio potreban neko za obavljanje sličnih poslova.

Neverovatno! Bila je u onoj goroj polovini pedesetih i počela je da posustaje, ali ta vest joj je vratila veru u život. Kada je čula sve detalje, odlučila je da popusti na drugoj strani. Njen advokat se nije složio s tim i savetovao joj je da napadne još jače.

„Ušli ste u uži izbor i veoma smo zainteresovani", rekli su joj iz vrha. „Dođite sutra na još jedan razgovor." To je značilo da je sve ostalo čista formalnost. Bila je srećna do neba. Naravno, s obzirom na to da je poslovni svet mali i da je imala dobre kvalifikacije, shvatila je da ne bi bilo dobro da se sazna da je dobila otkaz iz prethodne kompanije. Odlučila je da odustane od sudskih procesa i prihvati to malo što joj je bilo ponuđeno.

Dan nakon što je potpisala sporazum, javili su joj da nije dobila novi posao. Naravno, nikada neće uspeti da dokaže da je sve to bilo urađeno u dogovoru sa kompanijom u kojoj je radila. Ali čim mi je rekla da su je pozvali, tek tako, iz vedra neba, posumnjala sam da je reč o nekoj nameštaljci.

Berza rada je okrutna prema ženama u pedesetim godinama, koje su gurnute u stranu. Bila je očajna tih dana. A onda, kada je stigla do ivice ambisa, zakoračila je i skočila u ponor. Sada je srećna i zadovoljna i gradi drvene kolibe u šumi.

Poenta priče je da posle pedeset pete ne treba tražiti isti posao, jer nećete ga naći. Ako niste stvoreni za preduzetnika, krivite svoje roditelje, gene ili bilo šta drugo. A ako želite da pronađete posao u nekoj novoj kompaniji, moraćete da postupite isto kao kada upoznajete novog dečka. Moraćete da snizite kriterijume.

Kada je ljubav u pitanju, lakše ćete pronaći nekoga sa sitnim nedostacima: prosečan izgled, ograničena interesovanja, finansije u haosu, pregazio ga voz, načeta prostata... Što se posla tiče, postoji mogućnost da će biti manje plaćen i manje zanimljiv, i to pod uslovom da vam se uopšte i ponudi. Vaš CV je možda dobro izgledao devedesetih, ali sada nema mnogo koristi od njega. Sem davnih poslovnih dostignuća, nema tu šta puno da se pročita... može samo da otkrije vaše godine. Vi ih, naravno, nećete pominjati, ali s obzirom na pomenuto iskustvo, odmah će obratiti pažnju na godinu kada ste diplomirali, na brzinu će sve sračunati, i ukoliko nemate preporuku ministra (u najmanju ruku), gotovo, bačeni ste u kantu za smeće. Slanje CV-ja ima smisla samo pre pedesete.

Nakon toga, moraćete da prelistate svoj imenik ako ste bili dovoljno pametni da ga redovno ažurirate.

Ali možda je vaš spasitelj (ministar lično) poručio poslodavcu da vas pozove. Pre toga poslodavac je dobio važno, ali standardno upakovano pismo, koje je pre toga, naravno, otkucala sekretarica, a u kome je ministar otpevao odu vašim izuzetnim kvalitetima, sposobnostima i ostvarenim uspesima.

A onda ćete se naći u klimatizovanoj kancelariji, svoj u staklu, pred tridesetogodišnjakom u cipelama sa resicama, koji će arogantno čitati imena kompanija iz vašeg CV-ja, kao da su napisana na finskom. Kada završi, podići će obrvu i pitaće vas: „A čime se tačno bave ove kompanije?“

Sama činjenica da morate da mu odgovorite teraće vas na povraćanje.

Vi pričate o prošlom dobu, a on koristi neke užasne izraze koje vi ne razumete. U doba novopečenog jezika i tiranije anglicizama koji se završavaju na -ing, kao što su marketing i konsalting, borićete se da predstavite svoje veštine u što boljem svetlu. Bolje promenite svoja interesovanja i pronađite nešto drugo.

Zaboravite na picopevce u cipelama s resicama.

Budite u toku!

Pronađite najpre sebe.

Koji je sledeći korak?

Naporno sam radila čitav svoj život, ali samo između trećeg tromesečja poslednje godine školovanja i četrdeset osme godine. Drugim rečima, ukupno trideset godina. Pre toga bila sam skoro pa autistično dete, mučila sam se i u osnovnoj i u srednjoj školi.

Jednog dana, u trenutku besa (hvala ti, tata) i pod uticajem sudbine i moje srećne zvezde, odletela sam iz gnezda. Tri naredne decenije brusila sam kamen. Odlazak iz kuće bila je moja lična odluka, ali definitivno iznuđena od strane mog oca.

Moj otac je bio radoholik, želeo je da obezbedi zaostavštinu koja bi učinila da njegov život ima smisla. Ali novac, koji je u većini slučajeva ono što pokreće ljude i njihove karijere, za njega je bio sporedna stvar. Novac treba da se zaradi, ali ne i da se troši. Gledate njegov priliv, a nikada odliv. Ponekad bi otac ustajao noću da proveri stanje na računu i posle toga bi se zadovoljan vratio u krevet. Mama nije radila, ali joj se nije dopadala uloga domaćice. Sanjala je o tome da pobegne, iako nikada nije imala bankovnu karticu, vozačku dozvolu ili poznatog ljubavnika. Njene obaveze bile su zakucane u rasporedu. Dan je bio programiran prema uputstvima iz prošlog veka, protiv kojih niko nije ni pomislio da se buni, a ponajmanje ona. Njen život sastojao se u spremanju hrane, sređivanju kuće, nabavci, sitnim tračevima i bočici parfema jednom godišnje. Govorila je da ima puno posla. Sigurno i jeste bilo tako. Ali kako nikada nije bila plaćena za svoj posao, zanimanje moje majke nije bilo ono što sam želela za sebe. I tako, zahvaljujući primeru mojih roditelja, baš tom od kojeg sam pobegla, bila sam u prilici da teškom mukom izgradim svoj život.

Odvajanje od roditelja je najbolje iskustvo koje postoji. Osetite ogromno zadovoljstvo kada nešto postignete sami. Ali ima roditelja koje je teško napustiti: previše ljubavi, previše stega, previše svesno vezanih krila. Hvala mojim roditeljima što su mi omogućili da se osamostalim, ali hvala im i na svim onim mnogobrojnim razlozima zbog kojih sam otišla od njih, a i onim zbog kojih ih neizmerno volim.

Ali pre nego što sam zakoračila u pedesete, odlučila sam da prestanem da radim. Za dvadeset godina tržište se umnogome izmenilo, a i ja zajedno s njim. Nekoliko puta sam išla na usavršavanja, ali načini na koje smo počeli da privlačimo potrošače bivali su sve manje etički. Neki glasić mi je šaputao na uvo i molio me da prestanem da gubim vreme jureći zaradu. Nisam više videla šta dobijam svim tim sastancima i projektima. Više novca? Naravno. Ali cena je bila previsoka. Dakle, pronašla sam požarne stepenice i pobegla.

Nema me.

U tom trenutku svi su me pitali: „Da li si normalna, šta ćeš sad da radiš?“

Mogu da pričam o lošim i štetnim aspektima posla, ali mislim da je bolje da kažemo nešto o tome kako je kada se ne radi i strahu od toga šta ćemo odgovoriti kada nas pitaju: „Čime se sada baviš?"

S godinama sam se navikla da govorim da vodim agenciju i da uživam u životu. Preko noći sam morala da naučim da to izgovorim u prošlom vremenu. U početku sam uvek govorila o onome šta sam radila i izbegavala da se izrazim u sadašnjem vremenu. A onda sam jednog dana uspela da izgovorim: „Ne radim." Taj odgovor je usledio nakon duže pauze i blage neprijatnosti, negde između skromnosti i provokacije.

Zahvaljujući svojoj situaciji, bila sam u prilici da se susretnem s mnogima koji ne rade i koji su navikli na takva pitanja. Oni svoj odgovor uvek započinju sa: „Trenutno…" Ili: „Radim za jednu fondaciju, ali uglavnom stvaram nova poznanstva i imam dosta slobodnog vremena." Kad neko kaže da radi u turizmu, to zapravo znači da iznajmljuje svoj stan i da je tu jer čeka novog gosta. Ako je „nešto u vezi s pružanjem pomoći", to znači da je svom prijatelju pozajmio novac i sad ga juri da mu vrati. Ako je partner u jednom malom biznisu, to uopšte ne znači da je zaposlen. Ali jednostavno „Čekam posao" jeste kulturan način da kažete da ste dobili otkaz i da tražite novi posao.

Izbegavanje odgovora može da privuče pažnju i znatiželju, tako da pitanja možete izbeći tako što ćete reći nešto kao:

„Trenutno uživam u tanjiru piletine i povrća." A postoje i izrazi koji uvek izazovu gnev okoline, na primer samo: „Radim." A najstrašnije je reći: „U penziji sam."

U pedesetim još nismo stigli do te tačke, iako u nekim kompanijama možete ranije da odete u penziju ukoliko ispunjavate uslove. Na primer, ukoliko imate troje dece. Tada uzmite slobodne dane, godišnji odmor, možda da dodate i neko bolovanje i u pedeset i šestoj ćete se zauvek osloboditi svog šefa.

Vrlo brzo ćete saznati istinu koja se krije iza pomalo nejasnih opisa skromnog umetničkog stvaralaštva: apstraktno slikarstvo, skulpture od bodljikave žice, liturgijski ples, hortikultura, indijska trgovina ili prodaja od vrata do vrata raznih sitnica kupljenih na buvljoj pijaci. Iza ove dimne zavese, često se ispod jastuka nađe gnezdo i jaje o kome se ne priča: masovna otpuštanja, neočekivana nasleđa, prihodi od kirije, isplaćeni sudski troškovi nakon razvoda, dobrostojeći muž, staratelj dodeljen sudskim putem... „Bavim se savremenom umetnošću" jeste još jedna izjava koju ponekad čujem. Ovo je sektor koji svetu nudi bogatstvo zanimanja kojima se bave bogati. A često biva prihvaćen i od strane sumnjivo bogatih žena, koje bogatstvo više duguju svom braku ili se rode s više oralnih sposobnosti nego što imaju dara za umetnost.

Jedno je sigurno, nikada nemojte reći: „Ne radim ništa." Čak i oni koji nemaju vremena da se bave nekim poslom moraju nešto rade. Kažite samo: „Nisam zaposlena", kako biste zaštitili sebe. Budite svesni da postoje i određeni odgovori zbog kojih će ljudi skoro ostati bez teksta. Na primer, „Pišem“ pogađa u sam centar mete. Jedino izjava „Knjiga mi je objavljena“ osiguraće vam počasno mesto za stolom, odmah pored domaćina, pod uslovom da ne živite u Petom, Šestom ili Sedmom arondismanu, gde SVI pišu!

Dakle, nemate nikakvo zvanično zanimanje? U zavisnosti od toga s kim razgovarate, bićete smešteni u poslednji red, u ćošak, na kraj stola, okrenuti natraške, naopako, provući će vas kroz sito, ućutkaće vas… Ali reakcija bi lako mogla biti i: „Ništa? Pa to je sjajno!“ U većini slučajeva to će biti rečeno od srca, u nekim iz kurtoazije ili možda iz ljubomore, naročito ako razgovarate s nekim ko provodi po dva sata dnevno u gradskom prevozu i godinama trpi bezobrazno ponašanje svog šefa.

Zaista mi se svidela samouverena izjava jedne privlačne pedesetogodišnjakinje, koju sam čula na jednoj večeri, kada sve izgovoreno zvuči šarmantno. Njen odgovor je bio: „Ne radim ništa, ali to radim odlično.“ Ta simpatična poetska izjava, izrečena uz blagi osmeh, stišala je oluju. To treba upamtiti, rekla sam sebi, ali koristiti samo ako situacija to dozvoljava. U idealnoj situaciji, imaćete više ponuđenih odgovora, a servirаćete najprikladniji dotičnom radoznalcu. Ima puno takvih odgovora, od notorne laži do nepotpune istine.

Razmišljam i o onim poslovima od kojih ne možemo da zaradimo na brzinu, što svi očekujemo, i koji za početak iziskuju mnogo vremena i novca. Često to u ovim godinama bude slikarstvo. Morate da kupite materijal, da se odreknete jedne sobe u svom stanu, u kojoj ćete samo slikati, ili da možda iznajmite i atelje, pošaljete pozivnice za izložbu, platite galeriju u kojoj ćete izlagati svoja dela i naručiti vino za posluženje. Posle toga, sve zavisi od kvaliteta onoga što radite i onih koje ste pozvali na izložbu.

Dobar odnos s ljudima, kontakt s imućnima i zvučno ime koje se dobro prodaje – to su tri preduslova da se od vas izrodi najnovije otkriće u svetu umetnosti. Uz kratkotrajan kurs možete postati cvećar, knjigovezac, ili još bolje, nešto slično što se završava na -or, -ar ili -ca. Ulaganje će biti minimalno (mesto, zlatna ploča i četiri šrafa), ali ipak ćete morati da imate reklamu (društvene mreže, menadžer), neki gotov proizvod kao dokaz ili sitan poklon.

Ali kategorija koja je definitivno najpopularnija u pedesetim je trener. Posle pedesete Francuskinje postaju treneri. Trener je -or, -ar i -ca spojeno u jedno. Kada je u pitanju reč *sport*, to očigledno asocira na trenera, ali kada na vizitkarti piše životni trener, tada je stručna oblast potpuno apstraktna.

Ne želim da potcenjujem ničije zanimanje. Samo, ima ih na hiljade!

„Ponovo studiram" je nešto što bi umanjilo štetu i vratilo vas u igru. Ali svi znamo da se studije ne počinju posle pedesete, osim kada ostanete bez posla. Umesto toga, pokušajte sa „ponovo sam student". To mu dođe na isto, ali zvuči kao da smo se malo podmladile. U isto vreme, to je i način da se započne konverzacija (ili da se završi).

„Ah, master afričke književnosti!"

„Sjajno!"

Povratak u akademski život je nešto o čemu bi se moglo razgovarati. A zašto da ne i neki od prestižnih univerziteta? Dakle, iako je CV vrsta identiteta, od kog ipak nemate nikakvu korist na zalasku vaše karijere, imaćete stepen obrazovanja koji će pomračiti sve ostale vaše kvalifikacije. Vaša stručna diploma, diploma o završenim studijama španskog jezika, stepen psihomotorne terapije – sve bude zaboravljeno. Velika imena u visokom obrazovanju trguju svojim imidžom i vrlo dobro znaju da će svi ti nezaposleni rukovodioci, koji će se jednog dana vratiti na tržište rada, biti finansijski dobitak. Posle sveg tog truda koji uložite, ne mora da znači i da ćete dobiti posao. Ali pretpostavimo da ste sklopili neka nova poznanstva, dali sebi šansu, ponuđen vam je stalan posao, zašto biste u trenutku kada ponestaje peska u našem peščanom satu imali razlog da nekoj kompaniji ili šefu poklonite osam sati (ponekad i više) od dvadeset četiri, koje nam život velikodušno poklanja svakog dana?

Zar to nije vreme za neki novi ritam? Da možete da uživate u društvu osobe koju volite najviše na svetu: sebe. Iskoristite ono što vam pripada i što vam curi: vreme! Svoju slobodu vežite u Gordijev čvor u centru onoga što radite, naočigled gorkoslatke realnosti.

Sada čujem komentare: „To je dobra ideja, ali suština onoga što radim je da svakog dana obezbedim slaninu za ručak. Sve je to bajno i sjajno, ali ako prestanem da radim, gde da nađem novac?"

Pre svega, morate imati ideju šta biste voleli da radite. Nešto što volite, što je izvodljivo i što će vam donositi novac, pa čak i kad je to manja svota novca ili neki povremeno plaćen posao. Kupovina zemlje i sadnja badema je dobra ideja, ali s obzirom na to da do prve berbe mora da prođe od pet do deset godina i pošto smo ušli u pedesete, kao što već znate, malo smo se kasno setili. Zato dugoročne planove prepustite mlađima.

Mogli biste nešto da gajite. Ili bolje krenite sa permakulturom, što je pre svega stil života. Raznolika proizvodnja i pametan marketing nekog seksi proizvoda (med, šafran, kelj, čija...). Prijavite se za rad u poslastičarnici, muzeju ili knjižari. Ili se priključite programu filantropije, pomoći ljudima, učinite sebe korisnim. Kako? Daj, daj, daj, malo svog vremena, malo sebe daj...

Planiranje budućnosti

Prepoznajte svoje sfere interesovanja, napravite plan i pokušajte da ga ostvarite. Ali problem je što veći deo vremena to kod nas izaziva paniku i što konstantno odlažemo obaveze.

U doba kulta mladosti i uberizacije, nije lako stvoriti konture svoje nove profesije. Da bismo olakšali sebi prolaz kroz trnje, prisetimo se staromodnog izraza, koji je sada postao veoma popularan: lenština. Ponekad predmet raznih teorija, retko opravdana i često ismevana, lenjost nije nešto zbog čega bi se trebalo stideti kako nam se obično čini. To je samo sitna mana, pobuna protiv frenetizma, gotovo umeće. Sadašnji manifest nas poziva da ne krivimo one koji teže da budu lenji. Pogotovu ako gledaju svoja posla, ni od koga ništa ne traže, a naročito ako je to neki prelazni period, što često i jeste slučaj.

U društvu dve svoje sestrice – sporosti i opuštenosti – lenjost s velikim L postaje simpatičan način života, koji uglavnom donosi ravnotežu i blagostanje onima koji je upražnjavaju. Preporučujem je od sveg srca jer anulira stres, pomaže u disanju i omogućava da vreme posvetite i sebi i drugima.

Lenjost vam pruža priliku da razmišljate, meditirate i filozofirate, što može da pređe u puno radno vreme. Trebalo bi ponovo pročitati dela Epikura, Toroa, Emersona, Lafajeta... Sada je u trendu okrenuti se sebi i svom životu. Dakle, hajde da okrenemo volan i smanjimo brzinu. Ali u isto vreme, dok usporavam tempo svog novog života, trudim se da ostanem u pripravnosti. Čim se ukaže neka nova prilika, ciljam u srce i pucam pravo u metu… Baš kao i nekad. Sada možda i s boljom preciznošću!

„Draga, zašto ne prilegneš, proći će", kaže Slatkiš, koji se malo zabrinuo kada je pročitao ovaj deo, koji je shvatio kao malu krizu koju treba što pre prebroditi. „Otkazaćemo pretplatu na *Filozofiju* i neko vreme nećemo posećivati predavanja Šarla Pepana, OK? Malo ćemo se odmoriti od takvog razmišljanja."

„MOLIM? Nema više predavanja Šarla Pepana? O, ne, samo to ne!"

Kako se boriti protiv odgađanja

Pitajte me, a ja ću vam reći da ću morati na miru da razmislim i odgovoriću vam sutra ili prekosutra. Slatkiš, od kog bih mogla mnogo toga da naučim, pa i umetnost odgađanja, pita me pomalo ironično: „Dakle, ono sa odgađanjem, kako to napreduje?" Grrrrr!

Kako bih odgodila nešto za sutra, stalno izmišljam da radim bilo šta drugo, samo ne ono što treba.

Već tri nedelje grešna uživam u pauzi pisanja. Istovremeno osećam i stid i zadovoljstvo. To je stav koji flertuje s lenjošću, skreće vas u sporu traku i sve diverzije pušta da izbiju u prvi plan.

Internet uopšte, a posebno društvene mreže, predstavlja divno mesto gde se iznose razna mišljenja i gde možete naći razne načine odlaganja, bilo da je razlog tome voajerizam ili radoznalost.

Iz tog razloga sam, pre nego što sam napisala prvu rečenicu, podlegla iskušenju da pogledam deo knjige o *Amazonu*, i vrlo brzo bila opsednuta mnogim potrošačkim iskušenjima (ASOS, WISH...), zbog kojih sam morala da (što nije u mojoj prirodi) izvršim uporednu analizu donjeg veša, obuće, kaputa, a sve po povoljnim cenama!

Uz pomoć šolje čaja pokušavam da dozovem inspiraciju, a kako to ne uspevam, zovem prijatelja koji nema ništa naročito da kaže, ali dugo priča o tome. Onda posetim i Linkedin, gde ljudi razmenjuju komplimente kako bi lakše pronašli posao ili klijente, provodim dosta vremena na Fejsbuku, gde ljudi stalno lajkuju i dele fotografije svojih nožnih prstiju sa slikom tropske lagune u pozadini, onda malo skrenem na oglase za zamenu stanova, gde neki pametnjakovići žele da trosoban stan u Batinjolu zamene za potkrovlje u Sohou.

Još uvek nije napisan nijedan red.

Onda se uhvatim za vesti, koje imaju neobičnu sposobnost da vam otmu vreme svojim nepresušnim izvorom informacija, zavirim u *Kurseri*, da vidim šta ima novo, pa kažem sebi da je vreme za malo vežbanja. Znači, otvaram raspored svoje plesne škole. Ako požurim, mogla bih da stignem na čas modernog džeza. Završiću večeras do osam. I dalje nema napisanog nijednog reda.

Na kraju dana, na aplikaciji za praćenje proverim da li sam napravila više koraka nego prethodnog dana, a onda opet pročitam najvažnije vesti i još malo razmislim o činjenici da vreme tvrdoglavo odbija da nam dâ malo više od dvadeset četiri sata, od kojih je trećina posvećena kraljici i kralju (bračnom krevetu). Slatkiš tada već hrče.

Novac...

O, duše iz lampe, ako ja ne mogu da ga imam, neka ga ljudi oko mene imaju dovoljno!

Novac je izmišljen da bi se trošio. Za lična zadovoljstva, kako bismo udovoljili onima koje volimo, za kulturu i lep život. Bilo da štedite ili rasipate (ne zaboravite ni na ekstravagantna uživanja), ipak vodite računa o bilansu na svom računu. U pedesetim više ne bi trebalo da jurimo za novcem, bilo da ga imamo ili nemamo. Bilo kako bilo, debela dama otpevala je svoju ariju. Tim pre što je 2018, a mi s pedeset i nešto, bili smo pametni da se rodimo u pravo vreme i da iskoristimo prednosti ere u kojoj se lakše dolazilo do novca i imovine. Kažu da se to vreme neće skoro vratiti.

Izdavanje stana, ili samo sobe, veoma je jednostavan način da utrostručite budžet i upoznate razne ljude, a poštedeće vas i selidbe. Sve su to dobri razlozi da ostanete u stanu koji je postao prevelik za vas kada su se deca odselila iz njega.

Možete ga povremeno izdavati, ali možete ga i zameniti, jer danas ljudi žive i u vikendicama.

Moje iskustvo u zameni stanova

Naši taksiji mimoišli su se na putu do aerodroma i nasmejali smo se (sigurna sam) na identične poruke koje smo ostavili na trpezarijskom stolu, pored flaše šampanjca: „Dobro došli! Uživajte u boravku!" Tri meseca je jedan američki par spavao u mom krevetu, dok sam ja bila u njihovom. U Njujorku, na 38. spratu staklenog solitera okruženog zgradama, koji je pružao prelep pogled na Central park. Mnogo godina unazad želela sam da privremeno zamenim svoj stan s nekim. To je nešto što mi uopšte ne smeta, a omogućava mi da živim svuda po svetu. Bolje je kada se na neko vreme odvojite od svoje imovine i stvari, da se podsetite da su to predmeti i da nemaju dušu. Ne moram da kažem da na obe strane mora da postoji poverenje. Ova međunarodna društvena razmena imovine znači da mi dom može biti bilo gde na ovom svetu i da tamo mogu da širim mrežu svojih poznanstava, što ide uz to. To je nova ekonomija turizma – socijalna i nomadska – a kao novopečeni pedesetogodišnjaci, nemamo problem da se prilagodimo bilo čemu. Ponekad, kada čujem nekoga da kaže: „Ne želim da nepoznati ljudi spavaju u mom krevetu“, istaknem da neće biti tu da to i vidi.

Rasterećivanje

Plan za krčenje: oslobodite se svega suvišnog. Imamo isuviše svega. Odmah je potrebno naučiti kako da se oslobodite svih onih silnih stvari koje vam više nisu bitne i jedino su još interesantne prodavcima polovne robe. Nakit koji vam je poklonio bivši (prodajte ga!), *šanel* kupljen kao ekskluziva 1994. godine (ehehej!), glomazni kabinet (odmah napolje!), slika (ćao!)… nema ničeg lošeg u tome što ćete se osloboditi starih stvari. Prodajte ih! Zamenite! Reciklirajte… Smislite novi način zarade: iznajmite automobil koji više ne vozite, izdajte kuću u kojoj više ne živite. Samo napred, uštedite novac na svakom koraku. Delite s nekim vozilo, reciklirajte najlon i papirne kese, pijte filtriranu vodu, dakle, kupite neki lep bokal i nikada više ne vucite pakovanja flaširane mineralne vode.

Ako ste dosad uživali u prekomernoj konzumaciji, uživaćete sad i u potpuno drugačijem pristupu – zavolite kontradikcije.

Setite se kako su živeli naši malo stariji prijatelji tokom sedamdesetih. Sjajno!

Svi su upisivali decu u privatne škole, a neki od njih, iznenađeni količinom novca koji su zarađivali zahvaljujući posleratnom procvatu, sada ne mogu da se opasulje jer misle da poreznici nemaju dušu.

Društveni život i žigosanje

Da li smo i dalje sposobni da vidimo i slušamo druge ljude? Kada ste poslednji put sreli nekoga i osetili da ste na istoj talasnoj dužini? Kada smo poslednji put pomislili: „Dopada mi se ova osoba, volela bih da je bolje upoznam"? Nakon toga nešto ili bude ili ne bude. Naš odnos s drugim ljudima liči na gozbu, tektonske ploče krugova prijateljstva pokreću se u odnosu na dostupnost, kontakte i partnere.

Nikada nemojte zaboraviti da treba biti radoznao i upoznavati ljude koje još niste upoznali.

U koliko sati je večera? Šta da donesem?

Ova dva pitanja koja na skali poruka slede odmah nakon „OK, za dvadeset peti", a pre „Vidimo se večeras", mogu se okarakterisati kao standardni izrazi ljubaznosti, s kojima treba da prestanemo. Postavljamo ih, a unapred znamo da nećemo obratiti punu pažnju na odgovore: „Ne mora ništa."

Svakako ćemo uraditi onako kako nama odgovara, jer šta god da se desi, tu smo kad stignemo, odnećemo ono što mi volimo, naravno, zavisno od toga koliko se radujemo toj večeri i koliko smo prisni s domaćinom (a i kakve su nam finansijske mogućnosti i koliko smo darežljivi).

Svako vreme ima svoj kod. Za početak, u 19.30 važi: „Dolazim pravo s posla; rano ležem; ja sam praktično Amerikanac." A početak u 21.30 poručuje: „Ja sam umetnik; imao sam nekih obaveza dokasno." Dakle, ukoliko želite da izbegnete previše aperitiva, što znači da pogrickate sav kikiriki pre nego što sednete za sto, najbolje je da pozovete ljude sa sličnim profesionalnim i porodičnim bioritmom. Najčešće vreme za večeru je 20.45, a odgovara i zaposlenima i ostalima.

I, šta da ponesete?. U vašim godinama, sem ukoliko nije šala, teško da će vam neko odgovoriti: „Donesi picu." U normalnim situacijama svi imamo prijatelje koji nam nude besplatnu hranu u zamenu za dobar humor, nekoliko anegdota i neko hladno piće iz frižidera.

Dobar humor je minimum koji se zahteva, ali on zavisi i od ostalih gostiju. Gnjavatori su poput trule jabuke u posudi s voćem – zaraza se brzo širi. Baš zato nekako i zaboravimo da pozovemo one depresivne, iako je to njima preko potrebno, ali šta da se radi?

Ukoliko greškom budete pozvani na zabavu na kojoj se nađe neko od gostiju ko nema problem s tim da svoje muke deli s ostalima, pod hitno preokrenite stvar i ostatak večeri pretvorite u šizofreno opuštanje. Preporučujem vam, kao žena koja je to doživela nekoliko puta, da improvizujte nešto. Zašto ne biste pojačali muziku i zaplesali, ili predložili ono što je u poslednje vreme moda na večernjim okupljanjima: svaki gost pojedinačno ispriča svoj najveći uspeh i najveći blam. Iznenađenja i smeh su zagarantovani.

Čak će vam i najpričljiviji gost (koji nije uvek i najzanimljiviji) ostaviti mogućnost da smislite neku anegdotu. Dobro će doći za promenu i podizanje raspoloženja. Zavidim onim ljudima koji imaju talenat da zabave svakog gosta. Lično, paralizujem se kada zavlada tišina za stolom i zahvalna sam svakom ko ume da započne razgovor.

Kao i svi, i ja imam nekoliko trulih jabuka u adresaru, koje su tu odvajkada, ali ih volim uprkos njihovim mukama i neurozama. Trudim se da ih ne zaboravim, jer nikad se ne zna, meni danas sija sunce, ali jednog dana (možda nikad), ako se volan okrene i planete poređaju kako ne treba, znam da će mi gnjile jabučice priteći u pomoć.

Kako odbiti bolju ponudu

U ovim vodama punim pirana, gde se socijalizovani sudara sa usamljenim egom – gde život u Parizu, u ova teška vremena, znači da, ako ne igrate na pobedu, morate da igrate neku svoju igru – treba poznavati osnovna pravila za opstanak u kiseloj sredini i naučiti kako se koristiti rukama usred močvare.

Možda zvuči pomalo cinično, ali je iskreno. Može li da digne dva prsta neka koja nikada nije otkazala večeru sa svojim depresivnim prijateljem zbog viđanja s nekim dasom ili zbog žurke u otkačenom društvu!

I? Gledam, čekam…

Eto. Niko. Znala sam!

Da li bi urban život mogao biti razlog tome? Naš opsesivni individualizam, prenaglašena egocentričnost i mantra „ja pa ja", koja ima sve odlike narcisizma?

Pa, kako to učiniti a da ne bude providno?

„Onesvestila sam se u metrou" zahteva objašnjenje.

„Stvarno sam umorna" – to je vrlo slab izgovor.

„Zaboravila sam, moram na plivanje" jasno govori da želite nekog da izbegnete.

„Umrla mi je tetka" – za ovo stvarno treba imati obraz.

„Muči me stomak" stavlja vas u karantin.

„Opljačkali su me, moram u policijsku stanicu" nije loše, ali opet zahteva objašnjenje. Oh, stvarno, gde? Kad? Kako?

Pošto su me roditelji vaspitavali u staromodnom duhu, lično zagovaram vrstu kompromisa sa istinom. Zašto ne predložiti drugi termin viđenja: „Umesto sutra, može li to da bude prekosutra, jer imam iznenađenje za tebe?“ Tada vam ostaje dvadeset četiri sata da smislite šta će biti iznenađenje (koncert, pozorište, društvene mreže...). Jer takve prilike se ne pružaju svakog dana, a tužni prijatelj je uvek tu.

Problem nastaje kada dođe Nova godina. Teško da možete da predložite nešto bolje za naredni dan. Ali i tada ima spasa. U potrazi za boljom solucijom, čitav Pariz se, sve do poslednjeg časa, bori da obori rekord u cinizmu. Zato NIKADA ne organizujte večeru za doček Nove godine. Nerviraće vas upravo vaši prijatelji, ćurka će ostati nepojedena, zamrznućete je posle i ješćete je sve do Uskrsa.

Alkohol, naj verni drug

Kada je u pitanju alkohol, nismo svi rođeni isti. Jednostavno je tako. Ali ono što je manje-više isto jeste to da u pedesetim ne možemo da popijemo kao nekad. Bilo da je to zbog genetike, metabolizma, jetre, promene klime ili nove generacije pesticida, koji nam narednog dana izazivaju vrtoglavicu...

S godinama sve slabije podnosimo alkohol. Kako rastu godine, tako raste i njegova moć, a i naši postupci neće ličiti na one iz mladosti. Oni koji su se teturali sada će da padnu, oni koji su bili pričljivi pod dejstvom alkohola neće uspevati da dođu do daha, a oni koji su bili fini svoju starost podići će na viši nivo.

Moja prijateljica Edviga je vrlo zabavna kada popije. A pošto je svesna toga, pije otkako je znam. Počinje prilično rano. Već u šest podigne čašu i pijucka sve dok, oko jedanaest, ne krene u izlazak. To je drugi kraj društvene sveće, koju ona prečesto pali.

Tada dolazi trenutak kada njeno zanimljivo ponašanje prolazi kroz neku vrstu genetske modifikacije. Smeh joj postaje čudan, glasan i piskav, zapliće rečima, priča priče koje nemaju ni smisla ni kraja. Vreme je! Ne posrće, što jeste nešto, ali kako jedan manji detalj može da prikrije drugi, pod uticajem alkohola njen libido raste i može da se rasplamsa ako joj neki punokrvni muškarac dopadne šaka. Srećom, to nije uvek slučaj. Veoma brzo se iscrpe, pa njenoj publici ostaje da je gleda kako tone. Postaje zbunjena, pomalo dekoncentrisana i dobronamerno perverzna. Narednog dana se ničeg ne seća. Ali kako poznaje svoju narav, izvinjava se domaćici, a ni sama ne zna zbog čega.

Priska postaje ljubomorna i pomalo tužna kada pije. Dobro izgleda s pedeset i nešto, a u svojoj sve daljoj mladosti bila je prava lepotica. U kontaktu s alkoholom postaje agresivna. Iz očiju joj sevaju varnice i spremna je da ujeda. Jednom prilikom, kada je malo popila, ustremila se i na mene. Moram priznati da sam bila polaskana njenim komentarima, koje sam shvatila kao komplimente. Ali već neko vreme mi više nije simpatična. I to počinje da mi smeta. Ili je ona prestala da pije, ili sam ja ostarila.

Sesil postaje zaljubljena i nabusita kada popije. Dovoljna joj je jedna čaša da se pretvori u kučence koje vas licka. Grli vas, privija na svoje grudi, što baš i nije prijatno; govori: „Volim te, draga, znaš da te volim.“ Ponaša se isto kao i Loren, koji slično reaguje na alkohol. Sem te slične reakcije na piće, njih dvoje nemaju ničeg zajedničkog. Pa su tako bili u ljubavi sve dok su pili. Voleli su se sve dok su često i zajedno bili pijani, ali čim je jedno odlučilo da ostavi alkohol, njihova veza je pukla.

Što se mene tiče, nekad davno trebale su mi četiri čaše vina da sledećeg jutra garantovano bolujem od migrene. Danas se to dešava i posle dve ako odmah na popijem kafetin. Inače, tri dana, s kesom leda na čelu, ne bih otvarala oči, niti bih ustajala iz kreveta.

Uvek sam mislila da me te migrene spasavaju od neizbežnog alkoholizma, ali apstinencija me sputava da uživam u atmosferi koja se zagreva kako veče odmiče. Ostavi me za stolom da kao nemi posmatrač gledam ljude koji sve brže pričaju i smeju se sve glasnije nečemu što uopšte nije smešno. Osećam se glupo i kada popijem. U nekom trenu ugase se svetla. Nije zabavnije ni ujutru, kada ustanem iz kreveta.

Razmislite o tome pre nego što me pozovete na večeru.

Srećom, Slatkiš me vadi. Zahvaljujući korenima, koje vuče iz Poljske, može da popije litre a da to ne utiče na promenu njegovog ponašanja. Koliko god da popije, nikad nije pijan, i šta god da pije, nikada se ne oseća loše, a na moje veliko zadovoljstvo, što više pije, sve više je zaljubljen.

Vicevi

Postoje oni koji viceve pričaju, i oni koji ih slušaju.

Kada se večera završi, kada priča utihne i flaše se isprazne, neko se (obično to bude muškarac) seti svog (mislim na vic!).

Vicevi su poput kikirikija, nikad ih nije dosta, zarazni su i ređaju se jedan za drugim sve dok ne ode i poslednji gost. Smeh izazvan pričom naratora često inspiriše ostale u društvu da se pokažu (opet mislim da se pokažu vicem). Trude se iz sve snage da izazovu smeh, a sve to da bi zabavili nas žene, koje uživamo dok oni razmenjuju reči, i nagađamo čiji će biti najduži (vic!).

Iako pričanje viceva pravi dobru atmosferu, mene to pomalo plaši. Prvo, što će potrajati – jer oni koji uzmu reč sigurni su u sebe, ne prepuštaju je drugom i drže primat. U takvim situacijama interesantno je pratiti reakciju naratorove druge polovine, čija reakcija je pokazatelj njihovog odnosa: žena koja je dvadeset godina s njim u braku počinje da rasklanja sto, misleći: „Ovo će potrajati, imam vremena da uključim mašinu za pranje sudova." Žena koja je s njim pet godina, i takođe joj je poznat vic koji se priča, i dalje se smeje od početka do kraja. Što se tiče nove mlade, ona razvuče osmeh od uva do uva i nastavlja da se smeje i kada je vic već odavno ispričan!

Drugo, takođe se plašim da će priča preći neku granicu. Uvek može da se pretera, a to što se publika smeje blago šokantnoj priči, ohrabruje sledećeg, koji će svojom pričom otići još dalje. Na kraju svima bude neprijatno i smeju se usiljeno. „Da li je neko za čaj od nane?", pita iznenada domaćica, u nadi da će skrenuti priču na drugu temu. Prekasno. Zna li neko još neki vic? Ovog puta počinjemo s Belgijancima, pa preko Arapa, do Jevreja, bogalja, pedera, rogonja… Nikada niste daleko od toga da i sami jednom nogom zagazite u blato, pogotovu kad do vas sedi momak koji se zove David Levi, živi u Briselu i upravo vam je rekao da ga je Žan Pjer ostavio zbog nekog Rašida. Ne možete a da ne proverite da li je ispod stola neko ostao bez noge.

I na kraju, moj najveći strah: plašim se da se neću razumeti vic.

Ali u tom slučaju niko neće ni znati, jer dolazimo do onoga što me ne plaši, a to je da ću se i ja smejati ako se i svi drugi smeju.

Da li i dalje dobijate pozivnice od nekoga ko slavi tridesete rođendane?

Ako izuzmemo retke slučajeve i naučnu fantastiku, tešku neurozu, šamanizam ili loš raspored zvezda, postoji i ono što se NIKADA više ne događa ženama u pedesetim, koliko god da su mladolike.

Trebalo bi da priznamo, na primer, da više nemamo drugaricu koja je u drugom stanju; više posle žurke, mrtve pijane, ne dovodimo neznanca u kuću; ne ostavljamo ni muževe posle trideset (godina braka, a ne života); ne dojimo; i još nešto što ne radimo kao nekada: ne vodimo ljubav tri puta za noć, ne dešava se da usred podneva pojedemo hamburger ili da nas na rođendan pozove neko ko još nije napunio četrdeset…

Ali kako je to moguće kad smo doskora bile pozivane na proslave trideset petog rođendana?

Trideset pet! Bože, kao da je juče bilo, a u stvari, prošla je večnost. Pa koga mi to poznajemo ko bi mogao da napuni trideset petu, a da nije bratanica ili neka druga rođaka? Očigledno, pozivnice imaju veze s generacijom (dvadesetpetogodišnji jaz). Ona je slavila rođendan, a ne on (jeste li primetili da niko nije pomenuo rođendan Brižit Makron?), i oboje su pozvali svoje prijatelje. Što znači da je polovina zvanica imala trideset pet, a polovina pedeset pet godina. Svi su se zajedno, u toj mešavini pola-pola od trideset-pedeset, dobro zabavili, a u drugom poluvremenu smo se bacili na plesni podijum i lomili zglobove uz hitove iz devedesetih. Di-džej je bio dovoljno ljubazan (ili obziran) da postavi prigušivače.

Nekoliko zapažanja s tog događaja:

Oni sa trideset i nešto napamet su znali sve pesme iz NAŠIH vremena, čak i bolje od nas. Ali kako? To ostaje kao velika misterija, jer mi nikada nećemo upamtiti reči reperskih hitova.

Torta koja se iznosi uz stihove Stivi Vondera davno je prošlo vreme. Zaboravite i pesmicu *Danas nam je divan dan* i smislili ste nešto svoje. Brzo smo odgonetnuli zagonetku i prepoznali šta je di-džej spremio za trenutak kada smo se svi okupili oko kraljice noći, i tako je i bilo. Muzika je bila preglasna! Mnogo glasnija nego u moje vreme, tako da komunikacija uopšte nije bila moguća, osim ukoliko se ne derete u nečije uvo samo da biste mu poručili da ćete razgovarati SMS-ovima. Dugo nakon završetka svečanosti, još mi je bubnjalo u ušima.

Za dvadeset godina promenio se i način plesanja. Tridesetogodišnjaci desnu ruku, sa ispruženim kažiprstom, naizmenično podižu i spuštaju kao roboti, dok u isto vreme mrdaju glavom i kukovima kao da su na oprugama. Ovi sa pedeset i nešto to rade malo drugačije. Pre svega, jedino oni đuskaju uz neku muziku iz prošlog veka, koja se zove rokenrol. A imate i one solo izvođače, koji lagano klimaju glavom, kao i neke (kao što sam i ja) koji nikada nisu preboleli audiciju za *Flešdens* i igraju sve dok nešto ne kvrcne (zglob ili tetiva).

Kada je mala kazaljka na satu stala na jedan, atmosfera se stišala. Gde su ti pedesetogodišnjaci nestali s plesnog podijuma?

„Matorci su otišli da spavaju", rekla sam Slatkišu.

„Ostali su samo mladi", odgovorio mi je (što je značilo i mi). U stvari, videla sam kako se neki pedesetogodišnjaci motaju oko bara i skupljaju hrabrost tako što im konobarica velikodušno sipa votku u čaše za vodu. Poslednja doza alkohola posle šampanjca i vina, pre nego što pomahnitalo po poslednji put istrče na podijum.

Narednog dana priča je ista: zakazan termin za masažu, aspirin, kafa i nekoliko dana apstinencije. Sve isprano biljnim čajem i mirovanjem od nedelju dana, osim ukoliko ne želite da vas boli ovde, i onde, i svuda.

Večera na Long Ajlandu

Pre nekoliko godina jedna porodica, čije je ime ostalo sinonim za svečani gazirani napitak, prodala je kompaniju i od tada vreme provode u nekoliko zemalja. Simpatični su i blagi, egocentrični i kulturni. To su razmažena deca koja znaju da ne zaslužuju to što imaju, ali ponašaju se kao da je sve već unapred rešeno. Otvoreno glasaju za desnicu, smatraju da je demokratiji došao kraj, da advokati idu predaleko i bore se da se Napoleon III vrati u Francusku. Nazivaju sebe rojalistima. Izmislili su nekakvo plemenito poreklo i ubrizgali sebi plavu krv. Ne nadajte se da će se brinuti za vas niti da će ih zainteresovati vaš život ili ono što ste postigli. Jednostavno ih ne zanima! Ili to spada u njihovu ljubaznost. Bogati imaju svoja pravila, a ako želite da budete u njihovom društvu, morate da prepoznate koje su reči i teme tabu: program zaštite na radu, sindikat, provera diploma, Petnaesti arondisman, Viktor Serž, bilo šta van centra Pariza... Izbegavajte pitanje: „Čime se bavite?" Biće vam oprošteno što nemate ukusa, a odgovor će se naći negde između filantropije i potrage za srećnom zvezdom. Ukratko, oni su mulj, ali sa dodatim ukusom. U njihovim dvorcima, koji su kopije Tare, Diznilenda i kuće J. R., čućete engleski, francuski i španski. Od njih se i očekuje da govore bar tri jezika. Gosti uživaju jer ih služi diskretno osoblje i učestvuju u frivolnom kulturnom razgovoru. Gazda dvorca ima dugu retku kosu i prugaste čarape. Oči su mu dve tanke crte ispod obrva. Liči na lava iz *Knjige o džungli*, koji spava, ali bolje je da se ne kladite u to. Njegova žena je virtuoz u kuhinji, vitka je, zgodna i mišićava. Nešto slično stalnom zaposlenju. Čitav njihov mali svet je simpatičan, fin i spokojan. Jedina briga im je da odaberu odgovarajući faktor zaštite od sunca, da saznaju ko je najbolji dobavljač i da smisle kako da priredu najekskluzivnije zabave.

Druženje, mir i bežanje od epidemije društvenih medija

Postoji hiljadu različitih načina da, putem interneta, prikažemo svoj ego. Fejsbuk i Tviter su merilo naših raspoloženja, a Linkedin mesto na kojem ćemo uzdizati jedni druge. Sav taj trud uložen je da bi nas neko lajkovao, da bismo čitali, kupovali, prodavali, unajmljivali ili iznajmljivali, kako bismo nekoga zaveli ili kako bismo jednostavno postojali.

Društveni mediji stimulišu narcisizam koji nas tera da ulepšavamo sliku o nama i podsetimo sve naše prijatelje i pratioce koliko smo srećni i zadovoljni. Naravno, oni koji često tvrde da su srećni obično to nisu, jer kao što znamo, smisao života im tada ne bi bilo objavljivanje postova na internetu.

Uprkos mom kriticizmu, i ja volim da gledam tuđe slike, biram najbolju i ostavljam komentare. Vežba kojoj bi se moglo dodati malo literarnog zaokreta. Dakle, društvene mreže nisu bauk, samo morate biti sigurni da ih držite na odstojanju. Pomahnitalo digitalno ubrzanje znači da će nešto odmah izaći iz mode, poput lova na lajkove ili stvarne zainteresovanosti za druge ljude – samo treba razmisliti pre nego što potrošimo previše vremena na to.

Da li da prihvatite poziv za letovanje?

Da provedete odmor kod svog bogatog prijatelja sigurno je jeftinije nego da delite kolibu s onim malo siromašnijim. Naravno, nisu svi te sreće da poznaju ljude koji su imućni i dovoljno velikodušni (jedna osobina, bez one druge, ne vredi ničemu), ali kada ste dopadljivi, zabavni i lepo vaspitani, može vam se dogoditi da vas neko upita: „Hej, šta radiš ovog leta?“ U dugoj treperavoj tišini, dok prikrivate svoju radost i sjaj u očima, uputite svom mužu srdačan pogled i recite: „Nismo još ništa planirali.“ Ne žurite, ne odgovarajte ishitreno, ostavite odškrinuta vrata i čekajte da čujete detalje. Kako biste izbegli bilo kakva iznenađenja, postavite prava potpitanja.

Hoće li biti dece? Ako će ih biti, koliko im je godina? Ko je još na listi pozvanih?

Posle kraćeg razmišljanja, ukoliko su uključena deca mlađa od petnaest godina i ukoliko je planirano da to bude neki komunalni smeštaj, zaboravite na to. Vi i vaš čovek ćete već pronaći neko drugo mesto, bilo gde. Po povratku ćete nastaviti da uživate u lepotama druženja. Ali ako saznate da kuća ima šest spavaćih soba, zasebnih, da su ostali gosti interesantni ljudi sa zdravim smislom za humor i da su u ponudi i svakodnevna posluga i jahta – samo napred!

Ali ne zaboravite da postoje izvesna pravila kada je u pitanju besplatno letovanje. Nemate nikakva prava, ali ako želite da se i sledeće godine tamo vratite ili da nastavite druženje, ovaj veoma praktičan oblik letovanja uključuje mnoštvo obaveza, koje je opasno izbegavati, a treba ih oprezno ispunjavati.

Budite odlučni kada je u pitanju dužina boravka: nikada duže od četiri dana. Poštedeću vas lošeg poređenja, koje sam čula ovog leta, a reč je o prijateljima koji zajedno letuju i zaleđenim ribama. Ali ukoliko se ne radi o pozivu na neko vama nedostižno mesto, držite se ovog pravila dužine boravka.

Ne zaboravite poklon za madam (knjiga, parfem, tacna, tašna, ukrasi...) i obavezu da se sve vreme štitite od sunca, da se osmehujete (a da to ne izgleda izveštačeno), da budete pažljivi u razgovoru s domaćinom, da zaboravite na provokativne poglede (znate dobro da imate takav pogled, sve ga imamo). Na primer, izbegavajte razgovore o delikatnim pitanjima: borbi s bikovima, ekologiji, zakonu o radu, migrantima... Birajte teme u kojima se svi mogu naći: imovina, turizam, najnoviji broj magazina *Vousi* ili magazina *Filozofi*. Obavezno prihvatite da igrate ne ljuti se čoveče ako je to predlog vašeg domaćina, priskočite u pomoć kad god je potrebno i ne zaboravite da ostavite bakšiš posluzi kada krenete, kao i da posle pošaljete pismo zahvalnosti (tekstualno, naravno).

Nadam se da ćete jednog dana i vi biti taj darežljivi domaćin.

Idemo, devojke!

Ako čitate ove redove, to je dobar znak, ili bi bar trebalo da bude, sem ako niste uradili ono što i ja ponekad umem, a to je da počnem da čitam od kraja.

Pa, stigli smo do kraja (*već* bi bilo lepo). Knjiga je prava avantura!

Put njene opservacije, istorija njenog razvoja, način posmatranja, razna ubeđenja, ogoljene misli i sav trud, rezultat su želje da se zabavimo svim i svačim, od reči do ideja i raznih situacija.

Kakva je to avantura i kakvo je zadovoljstvo probuditi kod vas motivaciju, osvrnuti se na prošlost, sumnje, posao, odbijanja, mirenja, krize, raskide, izbore, preokrete, nove početke, vratiti se nazad i konačno završiti.

Reč KRAJ je zastrašujuća, tera me da se okrenem i vratim na početak.

Dok čitate ove stranice, za kraj bih volela da vam još jednom podignem raspoloženje i završim konačnim drskim optimizmom. Htela bih, takođe, da vam dam i nekoliko ključnih saveta, koji će vam pomoći da uživate u ovoj blistavoj deceniji. Sve loše periode i prošlost propustite kroz sitno sito vašeg pamćenja i bacite filter. Ostaće samo nebitne informacije i ona konstruktivna i lepa iskustva. Ne zamarajte se problemima koje ste prevazišle i svakog dana osvežite svoje lice kako vas ne bi opterećivalo ono kroz šta ste prošle, što ste već prebolele ili prežalile.

Ne bih da popujem da treba živeti u sadašnjosti. Napisano je toliko knjiga o jačanju ličnosti koje govore o tome koliko je važno slediti moto *Ugrabi dan*, bla-bla-bla. Ali pored uživanja u svakodnevnom životu, u pedesetim ćete morati da budete u stanju da odagnate tugu, da primenjujete zaborav, izborite se sa sedima i melanholijom. Život ume da bude i ovakav i onakav, ali ga uvek morate voleti. Uživajte u svojoj samoći kako biste pomogle sebi da ponovo stanete na noge. Poštujte različitosti, neka vam i oči i um budu u pripravnosti. Uživajte u stvarnom i jedinstvenom hedonizmu. To je sve što smo naučile o ovoj deceniji.

Zaključak ovakvog mišljenja je da svako u svoj kofer pakuje ono što želi da ponese sa sobom. Za razliku od ogorčenosti, besa, žalbi ili gorčine, radost, dobar humor i ljubaznost ne zauzimaju mnogo mesta.

Želim da kažem ženama sa pedeset i više godina, ali i svim ostalim, da život uvek, u bilo koje doba, može iznova da počne. Ljubav može da vam se dogodi i u pedesetim, bez ikakvog upozorenja, neočekivano, sasvim slučajno, kao što kažu za dete koje nije bilo planirano. Jednog dana, iznenada se nađete na najvišem vrhu bajkovitog pejzaža, pod plavim nebom, na čistom vazduhu, prkosite vrtoglavici, odmeravate jačinu tih trenutaka i čvrsto se uhvatite za ljubav u strahu da je ne izgubite. Zažmurite, jer se plašite da i jedan kamenčić može da pokrene lavinu.

Ponekad, kada me muče ružni snovi, stojim na ivici ponora, ruka me izdaje, uže se kida i na ivici sam da propadnem. Molim bogove da ostanem na vrhu, jer želim da živim i da budem voljena.

Želim večno da osećam tu zadivljenost ljubavlju, tu želju za životom, tu beskrajnu zanesenost.

Želim
Da ostanem u vazduhu,
Da nikada ne sletim,
Da znam samo za ovakvu ljubav, uzvišenu,
Koja traje,
Snažnu,
Ponovljenu,
Znajući da jednog dana, ako boja izbledi,

Ako se muzika pretvori u nesklad,

Ako srca i poljupci treba da presuše,

Ako više ne budemo strahovali da ćemo izgubiti jedno drugo i ako jedno od nas dvoje poželi da ode i započne novi život...

Nadajmo se da ćemo imati dovoljno ljubavi za tog drugog da mu ne stanemo na put.

I dovoljno za nas same da ne pokušamo.

U svakom slučaju, to neće biti pitanje godina.

Jer završetak nikada nije kraj.

U današnje vreme internet olakšava ljudima da se upoznaju i više nego ikada ima razloga da nas neko voli onakve kakvi smo, bez nekadašnjih apsurdnih i zastarelih predrasuda. Žene u pedesetim nisu ono što su nekad bile. Živimo u vremenu kada godine više ne znače isto: žene u našem društvu se ne posmatraju samo kao bića za reprodukciju, koja će održavati domaćinstvo, ispunjavati kratkotrajna zadovoljstva i biti trofej koji se ceni pre svega kao dokaz prolazne mladosti. Imamo šansu da ispunimo sebe, da se izrazimo, da nas čuju i da damo onoliko koliko dobijemo. Brisanjem pravila nekadašnjeg sveta, naša generacija je ovu dekadu vratila u život.

Pa, usred ubrzanja onoga što liči na zalazak naših života, hajde da halapljivo uzmemo sve što nam se pruža, pobedimo ostatke prošlosti, protresemo staklenu kuglu i sa uživanjem gledamo kako pada sneg.

Pre sto godina, polovina nas više ne bi bila živa, a pre pedeset sve bismo već bile starice, dok danas, uz pomoć aplikacija, kozmetike, nauke, obećane besmrtnosti, feminizma, jednakosti među polovima, pametne vage, dodataka u ishrani i uz malo sreće, koje će sigurno biti iako je trenutno nema, jesmo i bićemo mlade pedesetogodišnjakinje.

Zahvalnice

Toplo i iskreno hvala:

Karini Okin-Belanže (anđelu), što je verovala u mene.

Žani Morozov (postaje anđeo), za uredničku podršku, koja je oduvek važna.

Mihaelu Muncu, za mudre savete u svakoj fazi pisanja, za razarajući humor i naš život pun ljubavi.

Viržini Lik, Fabijani Azir i Florens le Lu, što ste čitale moje delo i hrabrile me.

Hvala mojim dragim prijateljicama (većina njih su mlade pedesetogodišnjakinje), mojim heroinama i mojim izvorima inspiracije. Dozvolila sam sebi da od njih ukradem poneku anegdotu. Uprkos izmenjenim imenima, one će se prepoznati. Aleksandra, Ana, Katerina, Kozi, Konstans, Florens, Mari, Mari Fransoaz, Nat, Nica, Papes i Viržini.

Isto važi i za muškarce; hvala vam: Antoane, Bertrane, Lorane, Fabrise, Fransoa i Žane Kristofe. Ima još nekih, ali neka se sami prepoznaju!

Hvala i onima koji prate moj blog *HappyQuinqua* (www.happyquinqua.com) na lojalnosti.

I puno ljubavi, uvek, mojoj dragoj deci Timoteu i Danae, tako sam ponosna na vas.

O autorki

Milen Deklo je Parižanka koja je dugi niz godina vodila uspešnu reklamnu agenciju i potpuno bila okrenuta karijeri i porodici. Međutim, nakon razvoda i odluke da proda svoju agenciju, počela je da se bavi pisanjem. Osnovala je blog *HappyQuinqua* (Srećna pedesetoscentkinja) na kojem čitaocima prenosi svoje utiske i razmišljanja o raznovrsnim temama. Inspiraciju za svoju prvu knjigu *Mlada i u pedesetoj* pronašla je u događajima koji su posebno uticali na njen život – u raskidu dvogodišnje ljubavne romanse, u odlascima kod psihoterapeuta, vračare koja proriče budućnost i slično. Ova knjiga je napisana iz perspektive slobodne žene u kasnim pedesetim godinama koja je rešena da pronađe nova interesovanja i da uživa u pronađenoj ljubavi.

Sadržaj

Milen Deklo
MLADA I U PEDESETOJ
2022.
II izdanje

Za izdavača
Miroslav Josipović
Nenad Atansković
Saša Petković

Izvršni urednik
Tamara Petković

Urednik
Tamara Petković

Lektura / Korektura
Igor Stanojević / Vulkan izdavastvo

Dizajn korica / Prelom
Nina Tomčić / Sanja Tasić

Štampa
Vulkan štamparija
Vojvode Stepe 643a, Beograd

Izdavač
Vulkan izdavaštvo d.o.o.
Gospodara Vučića 245, Beograd
office@vulkani.rs
www.vulkani.rs

Tiraž: 1.000 primeraka

CIP – KATALOGIZACIJA U PUBLIKACIJI
dostupna je u Narodnoj biblioteci Srbije, Beograd

COBISS.SR-ID 66122761